Diversidade sexual e de gênero e o Serviço Social no Sociojurídico

EDITORA AFILIADA

Coordenadora do Conselho Editorial de Serviço Social
Maria Liduína de Oliveira e Silva

Conselho Editorial de Serviço Social
Ademir Alves da Silva
Dilséa Adeodata Bonetti (*in memoriam*)
Elaine Rossetti Behring
Ivete Simionatto
Maria Lúcia Carvalho da Silva (*in memoriam*)
Maria Lucia Silva Barroco

Dados Internacionais de Catalogação na Publicação (CIP)
(Câmara Brasileira do Livro, SP, Brasil)

Ferreira, Guilherme Gomes
  Diversidade sexual e de gênero e o serviço social no sociojurídico / Guilherme Gomes Ferreira. — São Paulo : Cortez, 2018. — (Coleção temas sociojurídicos / coordenação Maria Liduina de Oliveira e Silva, Silvia Tejadas)

  Bibliografia.
  ISBN 978-85-249-2628-0

  1. Desigualdade social 2. Direitos humanos 3. Diversidade sexual 4. Identidade de gênero 5. Serviço social 6. Violência I. Silva, Maria Liduina de Oliveira e. II. Tejadas, Silvia. III. Título. IV. Série.

18-13256   CDD-362.896

Índices para catálogo sistemático:
1. População LGBTI : Serviço social no sociojurídico   362.896

Guilherme Gomes Ferreira

Diversidade sexual e de gênero e o Serviço Social no Sociojurídico

DIVERSIDADE SEXUAL E DE GÊNERO E O SERVIÇO SOCIAL NO SOCIOJURÍDICO
Guilherme Gomes Ferreira

Capa: de Sign Arte Visual
Preparação de originais: Jaci Dantas
Revisão: Maria de Lourdes de Almeida
Projeto gráfico e diagramação: Linea Editora
Coordenação Editorial: Danilo Morales
Assessoria editorial: Maria Liduína de Oliveira e Silva
Editora-assistente: Priscila Flório Augusto

Nenhuma parte desta obra pode ser reproduzida ou duplicada
sem autorização expressa do autor e do editor.

© 2017 by Organizadoras

Direitos para esta edição
CORTEZ EDITORA
R. Monte Alegre, 1074 — Perdizes
05014-001 — São Paulo-SP
Tel.: + 55 11 3864 0111 / 3611 9616
cortez@cortezeditora.com.br
www.cortezeditora.com.br

Impresso no Brasil — março de 2018

Não se rompe de uma vez com um passado teórico, porque em todo o caso precisa-se de palavras e conceitos para se romper com palavras e conceitos, e amiúde são as antigas palavras que estão encarregadas do protocolo da ruptura, enquanto dura a pesquisa das novas (Althusser, 1979, p. 27).

Sumário

Apresentação da Coleção 9

Prefácio 15

Apresentação 21

Capítulo 1 ■ Direitos humanos e as categorias de entendimento da diversidade sexual e de gênero 31

Capítulo 2 ■ O serviço social e a agenda da diversidade sexual e de gênero 47

Capítulo 3 ■ Atendimento social às violências 61

Capítulo 4 ■ Retificação do registro civil 79

Capítulo 5 ■ Adoção por casais homossexuais 95

Capítulo 6 ■ Prisões, gênero e sexualidade 109

Capítulo 7 ■ Socioeducação, gênero e sexualidade 125

Conclusões 137

Leituras afins 143

Referências 145

Apêndice ■ Síntese dos direitos humanos de LGBTI
no Brasil 155

Apresentação da Coleção

Diversidade Sexual e de Gênero e o Serviço Social no Sociojurídico, de autoria de Guilherme Gomes Ferreira é o primeiro livro da **Coleção Temas Sociojurídicos** que ora trazemos ao público. Jovem pesquisador, Guilherme se debruça sobre os estereótipos, estigmas, violências e opressões que cercam a questão da diversidade sexual e de gênero na mediação do social com o jurídico. Além de estudar sob diversas perspectivas, que vão desde a defesa, promoção e proteção de direitos dessa população — que luta pela identidade de gênero e pela expressão de sua orientação sexual — até a prisão, passando pelos movimentos desafiadores à sociabilidade, como o casamento e adoção, e também pelas requisições postas ao Serviço Social.

A Coleção Temas Sociojurídicos se conforma na produção de um conjunto de obras articuladas que abordam diferentes temáticas inscritas na particularidade dos espaços sócio-ocupacionais, que o Serviço Social convencionou chamar de área sociojurídica, que reflete o trabalho profissional desenvolvido diretamente ou em interface com o Sistema de Justiça. Este Sistema, no geral, é composto por instituições como o Poder Judiciário, Ministério Público, Defensoria Pública, Sistema das Medidas de Proteção, Sistema de Execução das Medidas Socioeducativas, Sistema de Segurança

Pública, Sistema Prisional e as redes de defesa, promoção e proteção do Sistema de Garantias de Direitos.

Ao ser evidenciado seu escopo, esta Coleção se propõe a estabelecer interlocução entre as relações sociais e o mundo jurídico — onde relações sociais e mundo jurídico são faces da mesma moeda na ordem social burguesa — e a instigar, desacomodar, abordando temas duros e complexos que envolvem as franjas mais frágeis da sociedade brasileira. Propõe-se também a descortinar o debate em torno das prisões, das unidades de internação, a desnaturalizar as relações sociais produzidas na sociedade capitalista e a relação questão social, racial e encarceramento. E, mais do que isso, a politizar assuntos que atravessam tais instituições e o conjunto da sociedade brasileira de diferentes maneiras, tendo, muitas vezes, o poder punitivo do Estado como sua face mais cruel. E, a partir disso, refletir sobre o cotidiano do exercício profissional que busca avançar nos desafios postos ao assistente social e demais profissionais que atuam em equipe nesses espaços institucionais.

Será dedicada prioritariamente aos assistentes sociais, professores e estudantes de Serviço Social, bem como aos profissionais de outras áreas de conhecimento como Psicólogos, Pedagogos, Advogados, Sociólogos, Historiadores, Promotores de Justiça, Defensores Públicos, Juízes e aos diversos profissionais que atuam nas instituições da área sociojurídica.

O momento em que a Coleção está sendo lançada é apropriado e atual, pois em meio às contrarreformas que elevam ao máximo os pressupostos neoliberais de um Estado mínimo para o social, observa-se o crescimento da ideologia punitiva, da judicialização das relações sociais e o ódio em diversas dimensões da vida social, estimulando linchamentos morais e sociais, a exacerbação da responsabilização penal como medida de controle social e a intolerância com a diferença. Assim, a Coleção nasce para dialogar e responder à demanda crescente de profissionais e estudantes com práticas sociais que buscam subsídios para compreender os movimentos que se desenrolam nesse cenário, no âmbito da sociedade punitiva e, sobretudo, buscam inspiração do ponto de vista teórico e prático para construir alternativas de trabalho que se direcionem na contracorrente da onda higienista-punitivista.

O traço social de exacerbação da face punitiva do Estado exige dos profissionais reflexões sobre a conjuntura e construção de processos investigativos e interventivos alinhados com uma pedagogia emancipadora. Pressupõe que nos espaços sócio-ocupacionais sejam estabelecidos compromisso de resistência frente: à crescente violência estrutural, institucional e cotidiana; à precarização em larga escala das políticas sociais, dos serviços e do trabalho profissional; às contrarreformas; ao controle social das "classes perigosas"; à criminalização da questão social nas suas expressões raciais e de diversidade sexual e de gênero; ao aprisionamento dos pobres, negros/negras e populações periféricas e às violações de direitos humanos que afetam os segmentos específicos — crianças, adolescentes, jovens, mulheres, homens e idosos — em todas as dimensões do humano-genérico.

Neste tempo difícil que exige ação, luta e reflexão sobre a realidade para compreensão da estrutura, organização e *modus operandi* das relações sociais, as ciências sociais e humanas e, particularmente o Serviço Social, é convocado a contribuir e aprofundar o debate em torno de conceitos, das práticas profissionais e instituições relacionadas ao Sociojurídico. A conjuntura brasileira e mundial se reflete nas construções históricas do Sociojurídico, calcadas em processos culturais de matiz conservador e pelo julgamento moral como prática corrente, ao mesmo tempo, tensionadas e implicadas em disputas em torno de diferentes projetos profissionais e societários.

Entender e explicar as dinâmicas societárias, suas relações, contradições, e suas determinações, seja no campo da história, da teoria e método, da criminologia crítica, das instituições, bem como, localizar o cotidiano do trabalho do assistente social e de outros profissionais à luz de princípios éticos emancipatórios, são os desafios centrais desta Coleção.

Nessa linha, reforça-se que esta Coleção visa contribuir com a leitura crítica e com a qualificação do trabalho profissional, na perspectiva da educação permanente necessária aos profissionais que atuam na área sociojurídica, em uma abordagem interdisciplinar. Tem por objetivos:

- reunir autores do Serviço Social e de outras áreas que pesquisem e produzam conhecimentos e reflexões do ponto de vista teórico e prático — tendo como eixo estruturante a teoria social crítica, numa perspectiva plural e democrática — contribuindo para o aprimoramento do exercício profissional e com o desenvolvimento de postura investigativa e interventiva.

- compartilhar e sistematizar experiências profissionais em torno da área sociojurídica, alinhados com a defesa dos direitos humanos.

- estimular a produção de políticas, estratégias, instrumentais e competências profissionais na particularidade de distintos espaços profissionais.

- disseminar a produção de texto acadêmico e/ou técnico com fundamentação que incida na prática, com vistas a alavancar análise da realidade, seus tensionamentos, dilemas advindos do cotidiano das expressões da questão social, cada vez mais cruéis, complexos e silenciados, no âmbito das instituições.

- ofertar aporte e contribuir para a formação dos profissionais que estão no exercício do trabalho — em uma dimensão interdisciplinar e intersetorial — e aos acadêmicos e docentes que têm interesse nos temas da área sociojurídica.

Os temas da Coletânea estão organizados em duas dimensões: macrossocietária e trabalho (exercício) profissional, ambas dialética e necessariamente imbricadas para compreensão da totalidade social. Almeja-se que as obras que compõem esta Coleção desenvolvam conteúdos que revelem as determinações sócio-históricas sobre as quais se movimenta a vida dos sujeitos e a estrutura societária e, nesta unidade localiza-se o trabalho profissional, com suas práticas, conceitos, competências e o cotidiano do profissional.

A **Coleção Temas Sociojurídicos** conta com a produção de matérias necessárias, constituintes e constitutivas da particularidade desta área, que prioriza temas relevantes ao debate contemporâneo. Como temáticas se propõem as seguintes: Diversidade sexual e de gênero; Serviço Social na Defensoria Pública; Serviço Social Judiciário; O Ministério Público e a exigibilidade de direitos; O Serviço Social na Justiça de Família; A criminalização da pobreza e seletividade jurídica; Questão social e racial e as múltiplas formas de encarceramento; Mulheres vítimas de violência doméstica e os desafios para o Serviço Social; Direitos Humanos e Segurança Pública no Brasil; Acolhimento institucional; Família Acolhedora; Adoção e Serviço Social; Ação Socioeducativa com os adolescentes em conflito com a lei; A socioeducação e controle penal dos adolescentes; O limite do direito no capitalismo; O trabalho do Assistente social com as medidas socioeducativas; Estudo Social em Serviço Social na área Judiciária; Medidas socioeducativas em meio aberto e o adolescente autor de ato infracional; Trabalho Interdisciplinar no Sociojurídico; Criminologia crítica: contribuições para o Serviço Social e Psicologia; Psicologia Judiciária; Avaliação de políticas e serviços públicos, a partir das experiências do Sociojurídico. Outras temáticas serão adensadas no percurso.

As obras trazidas nesta Coleção — frutos da experiência profissional ou de pesquisas — visam possibilitar acessos, apoiar, estudar e sistematizar o exercício do trabalho profissional na relação com a sociedade, oferecendo, sempre que possível, marcos teórico-práticos aos leitores.

Trata-se de uma Coleção em construção, portanto o devir está presente, na medida em que se apresentam novas demandas, dilemas e impasses e possibilidades ao exercício profissional. As obras retratam muitas experiências oriundas do Serviço Social, mas, também, de outras áreas do conhecimento, todas têm em comum a luta por um projeto de sociedade onde haja a supressão da desigualdade social, de quaisquer formas de opressão e discriminação e pela autonomia e liberdade dos sujeitos.

É uma obra coletiva que enseja o esforço de um conjunto de autores(as) e das coordenadoras, as professoras e assistentes sociais Maria Liduína de Oliveira e Silva e Silvia Tejadas.

Espera-se que cresça entre autores e leitores, na aproximação com o "chão sociojurídico", o compromisso com os (as) sujeitos de direito — meninas e meninos, jovens, mulheres e homens — que transitam entre as instituições do sociojurídico, donos de corpos e mentes que são submetidos a tantas violências. Esse compromisso é coletivo, exige que trabalhadores(as) dessas instituições, movimentos sociais, "população destinatária das políticas sociais e muitas vezes atingida por medidas judiciais, lutem por seus direitos, contra ideologias e práticas punitivas e pela supressão da ordem capitalista. Para tanto, é mister buscar perguntas e respostas sobre o sofrimento e sentido das vidas dos sujeitos atingidos pelas instituições que atuam na área sociojurídica, a serviço de que estão essas instituições, em que direção atuam seus profissionais, que sociedade se quer construir!

Boa leitura!

Entre São Paulo e Porto Alegre.
Fevereiro de 2018.

Maria Liduína de Oliveira e Silva
Assistente Social, mestre e doutora em Serviço Social pela PUC-SP. Professora no curso de Serviço Social da Universidade Federal de São Paulo (Unifesp). Assessora editorial da Área de Serviço Social da Cortez Editora.

Silvia Tejadas
Assistente Social do Ministério Público do Rio Grande do Sul. Mestre e doutora em Serviço Social pela PUC-RS. Professora da Pós-Graduação em Direito de Criança da Fundação Escola Superior do Ministério Público.

Prefácio

Dar visibilidade aos desafios contemporâneos que se colocam ao trabalho do serviço social na arena sociojurídica, tendo em conta as particularidades das demandas por defesa, promoção e proteção de direitos da população que, em razão da identidade de gênero e/ou orientação sexual, enfrenta um sem-fim de violências e opressões, é tarefa que se impõe, não fosse por outra razão, como contribuição necessária da área aos gestos de resistência à onda conservadora que está em curso na cena mundial, brasileira, e na própria profissão.

O recrudescimento do conservadorismo na história contemporânea está associado às mais variadas formas de irracionalismos e legitima-se através de um "lustro" ideológico de discursos que, mesmo eventualmente heterogêneos, são convergentes ao ideário de defesa do bem comum, da ordem, do desenvolvimento, que homogeneíza a vida social ao apagar diferenças, negando desigualdades e reproduzindo interesses dominantes na sociedade de classes.

Com forte lastro no senso comum, o pensamento conservador está na base de propostas ideopolíticas que invadem a política, a economia, a cultura, enfim, as relações sociais, o que se torna possível através de geração de consensos em torno de reivindicações morais como a proteção à família (compreendida estreitamente a partir da visão heteronormativa de pai, mãe e filhos, a exemplo do preconizado pelo Estatuto da Família), à vida (negando, por exemplo, o direito das mulheres à interrupção da gestão, mesmo em casos de estupro, como na situação da PEC 181 que criminaliza aborto em situações antes facultadas por lei, ou também sobrepondo o direito do nascituro ao direito da mulher sobre o próprio corpo, a exemplo do Estatuto do Nascituro) e à segurança (criminalizando movimentos sociais e seletivamente colocando em marcha o poder punitivo do Estado direcionado a grupos que confrontam a ordem estabelecida), entre outras pautas da agenda conservadora.

Nessa direção, crescem intolerâncias e violências destinadas a pessoas em razão de marcadores sociais específicos — de raça, classe, gênero, religião, sexualidade, entre outros, e que se interseccionam — pessoas que, com a própria existência e resistência, negam a homogeneização do modo de vida que a sociabilidade burguesa pretenderia a todos impor. Tal sociabilidade intolerante funda-se em um ideal de liberdade burguês, onde o outro é visto como limite à própria liberdade de cada um, portanto como um empecilho para a plena realização de necessidades individuais, egoísticas, que teimam por se sobrepor à possibilidade da satisfação das necessidades gerais. É uma visão de liberdade que, ao invés de apostar na associação entre as pessoas, antes orienta-se por sua separação.

Há que se considerar ainda as violências praticadas pelo Estado e que sustentam tal sociabilidade, expressas, entre outros matizes, pela ampliação do Estado penal em detrimento do Estado social, quando, ao invés de políticas públicas afirmativas de direitos, orientadas para a promoção da igualdade para todas as pessoas, ampliam-se os mecanismos de controle social. O encolhimento do Estado no que se refere à proteção social tem, como contraponto, o agigantamento de sua feição autoritária e punitivista.

É necessário que se tenha em consideração, contudo, que mesmo com o avanço do conservadorismo, são cada vez mais presentes as reivindicações postas pela diversidade das expressões da sexualidade e do gênero no que se refere ao reconhecimento de direitos — como o direito à vida, demanda

Diversidade sexual e de gênero

da maior relevância ao considerarmos que o Brasil é o país do mundo que mais mata pessoas trans; à identidade de gênero, assegurando, no tocante a direitos civis, o direito à alteração do prenome no registro civil, de acordo com a identidade de gênero com que a pessoa se identifica, sem necessidade de autorização judicial, bem como o direito ao nome social; o direito à livre expressão cultural, especialmente vendo afastados os mecanismos de censura que atuam como interdição às sexualidades e insistem em impedir a utilização das mais diversas formas de manifestação artística como denúncia às opressões de gênero e como estratégia de visibilidade da diversidade sexual e de gênero; o direito à proteção social, como a proteção social no trabalho, e o direito ao acesso aos procedimentos transexualizadores, através do SUS, apenas para citarmos algumas das persistentes pautas de lutas por direitos da população LGBTI.

Referimo-nos, pois, às lutas históricas pelos direitos humanos, cuja defesa intransigente é compromisso ético-político das assistentes sociais nos marcos de um projeto ético-político profissional crítico e emancipatório, que se pretende hegemônico, mas que se encontra fortemente ameaçado pelos influxos do conservadorismo na própria profissão. Ora, se o serviço social é uma profissão cujo compromisso com os direitos humanos é incontestável, torna-se necessário questionarmos que visão de direitos humanos pode fundamentar a perspectiva crítica do projeto ético-político profissional. Vale dizer: uma visão formalista, abstrata de direitos humanos, certamente não cumprirá tal função. Mas se adotarmos uma concepção crítica, iremos considerar os direitos humanos como resultados (sempre provisórios) de lutas sociais que se erguem em face de impedimentos concretos no acesso a determinados bens vitais. Portanto os direitos humanos não podem ser tomados como concessões do Estado, mas como conquistas por aquelas que, buscando acesso a determinado direito (bem jurídico), encontraram barreiras aparentemente intransponíveis no momento de fazê-lo, barreiras essas que guardam relação com interseccionalidades de marcadores sociais de classe social, raça, etnia, sexualidade e gênero etc.

Tais impedimentos dizem respeito às manifestações da questão social, objeto do serviço social.

Em tempo, não são as expressões da diversidade, no que diz respeito a sexualidade e gênero, que se colocam como objeto de intervenção, mas sim os rebatimentos das expressões da questão social que se particularizam em relação às expressões diversas da sexualidade e do gênero que desafiam a competência do trabalho do serviço social. Movimentar competências profissionais no sentido de contribuir para a defesa dos direitos humanos da população LGBTI exige, pois, capacidade de apreensão tanto das violências, das opressões, das desigualdades, como também das lutas e reivindicações por direitos e reconhecimento dessa população.

Mas há ainda que problematizar a arena sociojurídica, *locus* privilegiado do trabalho profissional da assistente social na defesa, promoção e proteção dos direitos humanos que se referem à diversidade sexual e de gênero. Nunca é demais lembrar que nela se conforma o terreno fértil, e também contraditório, onde recolhemos evidências da presença cogente de mecanismos de regulação da vida social, que atuam como guardiões de antes referida sociabilidade burguesa, ao tempo em que, nesse mesmo espaço, também se torna possível o acolhimento de reivindicações e demandas por reconhecimento de direitos da população que os tem sistematicamente subtraídos ou negados por força de marcadores sociais específicos. É a arena na qual convergem instituições e instâncias do poder onde tanto se movimentam o monopólio da violência estatal quanto mecanismos de proteção de direitos — civis, políticos, sociais, econômicos, culturais, enfim, de todos os direitos. O trabalho profissional nessa arena exige, pois, reconhecer que, em meio a um sem fim de contradições, este é um espaço sócio-ocupacional permeável a múltiplas possibilidades de intervenção, pois nele convergem tanto as cumplicidades estruturais entre as normas jurídicas existentes e os aparatos de poder e controle estatal com a reprodução do *status quo* dominante, quanto as possibilidades de alargamento dos estreitos limites do existente sistema de garantia de direitos, em suas dimensões política, econômica, jurídica e cultural, quando direito e justiça se colocam como instituintes de uma nova ordem — aquela que consolide e garanta os resultados das lutas sociais, nesta obra privilegiadas pela ótica das lutas da população LGBTI, pelo acesso aos bens e às condições necessárias para uma vida digna.

Neste cenário, o livro *Diversidade sexual e de gênero e o serviço social no sociojurídico* vem a público em muito boa hora. Guilherme Gomes Ferreira dedica-se com inequívoca qualidade política, densidade teórica e preocupação com aplicabilidade prática, à tessitura de um texto que se propõe a subsidiar assistentes sociais e outras profissionais que trabalham com gênero e sexualidade não apenas a identificar como também a responder aos desafios concretos que se colocam à competência ético-política, teórico-metodológica e técnico-operativa daquelas que têm na defesa dos direitos humanos a intencionalidade ética e política do exercício profissional.

Para mim é uma honra e uma imensa satisfação prefaciar esta obra que me oportuniza, mais uma vez, testemunhar a produtividade da articulação entre a inquietude intelectual, a militância junto aos movimentos sociais e a dedicação por levar a efeito uma formação acadêmica consistente que se faz presente na produção deste profissional e pesquisador, a quem acompanho na condição de (des)orientadora desde os idos da iniciação científica, passando pelo mestrado e pelo doutorado em serviço social. E lá se vão mais de 10 anos de trajetórias e histórias compartilhadas. Com Guilherme aprendi, entre tantas coisas, que todos os gestos profissionais, inclusive os mais singelos, carregam um potencial instituinte imenso quando enfrentam a tarefa de sair do campo delimitado pelas forças conservadoras e participam das lutas que contribuem para subverter o que sempre esteve já aí, com uma direção social clara para além das injustiças e opressões que impedem uma vida digna para todas e para todos. Boa leitura!

Beatriz Gershenson

Apresentação

Este livro trata das questões que se relacionam com a diversidade sexual e de gênero no âmbito do serviço social na área sociojurídica. E o que isso significa? Que procurará debater as demandas sociais daquelas pessoas que têm uma identidade de gênero, corporal ou sexual considera-das "fora da norma[1]" e que ingressam no Poder Judiciário, Criminal e de Segurança Pública — pelo motivo mesmo de terem construções corporais, de gênero ou de sexualidade dissidentes, mas também por outro motivo qualquer, e que ao ingressarem, acabam percebendo que seus gêneros, corpos ou sexualidades são colocados em evidência por essas instituições sociais. Em

---

1. Essa norma, é claro, é a norma do gênero — expressa pelo cissexismo, ou seja, a crença de que as pessoas devem concordar com o gênero designado a elas no nascimento em razão de um "sexo" — e também da sexualidade — expressa pela heteronormatividade, que corresponde àquelas instituições, estruturas de compreensão e orientações práticas que fazem com que a heterossexualidade pareça coerente e se torne um ideal, como diz Berlant e Warner (2002). É a partir dessa dupla norma de gênero e sexualidade que as pessoas que não são cisgênero (ou seja, são transgênero) e as pessoas que não são heterossexuais (portanto, homossexuais ou bissexuais) são classificadas como dissidentes. Há também uma terceira norma, a do corpo, que atinge mais objetivamente as pessoas transgênero (termo guarda-chuva que engloba diferentes identidades de gênero trans, como travestis e transexuais) e as pessoas intersexo. Essas identidades corporais, sexuais e de gênero serão mais bem compreendidas no decorrer do texto.

outras palavras: lésbicas, gays, bissexuais, travestis, transexuais e intersexos (LGBTI) que procuram acessar a área sociojurídica por diversas razões (como, por exemplo, para ter o reconhecimento jurídico da identidade de gênero ou da união homossexual, para adotar, para manifestar a experiência com a violência); ou que são interpeladas/os pelas instituições (quando são levadas/os a cumprir penas ou medidas de restrição da liberdade e acabam experimentando um tratamento especializado em razão das suas condições sexuais e de gênero).

A fim de pensarmos sobre esse tema, é necessário em primeiro lugar que particularizemos as experiências de ter uma identidade corporal, de gênero ou de sexualidade dissidente no cenário hetero-cisnormativo brasileiro, pois tenho em conta que cada sociedade produziu e produz os seus próprios processos e práticas sociais que estruturam, em cada contexto, *uma ordem* corporal, do gênero e da sexualidade específica — ordem que, parafraseando Connell e Pearse (2015), é o padrão de organização geral de qualquer sociedade que tem uma ideia específica de corpo, gênero e sexualidade na sua base. Considero, por um lado, que os sujeitos, em suas experiências sociais, atuam em relação aos fenômenos implicados por dinâmicas independentes e exteriores a eles (mas também produzidas por eles); e por outro lado, que existe uma estrutura que produz efeitos sobre as instituições e os processos sociais decorrentes delas, havendo por isso uma dimensão objetiva pela qual os sujeitos são subjetivados e outra dimensão subjetiva que produz objetivações.

É importante que nos preocupemos em entender como a área sociojurídica funciona segundo as dinâmicas próprias de corpo, de gênero e de sexualidade que ela própria produziu, isto é, como as instituições que fazem parte da área sociojurídica produziram e produzem *um regime* a partir desta ordem[2] (um espelhamento da ordem de corpo, gênero e sexualidade

---

2. A título de esclarecimento, opto por utilizar a conceituação de Connell e Pearse (2015) que argumentam por uma ordem de gênero — presente no conjunto da sociedade — e por um regime de gênero — presente nas instituições dessa mesma sociedade. É importante fazer essa

Diversidade sexual e de gênero

da sociedade, mas que contém também as suas próprias particularidades e contradições), para somente depois podermos situar o modo como os sujeitos atuam frente essas dinâmicas e produzem significado sobre elas[3]. No entanto, não é tarefa fácil empreitar esse objetivo, uma vez que o regime de corpo, gênero e sexualidade manifestado pelas instituições de um país representa a própria ordem de corpo, gênero e sexualidade dessa mesma sociedade. A característica binária da ordem do gênero, por exemplo, apesar de corresponder à grande parte das sociedades em esfera global, não é verdadeiramente um fato universal e nem mesmo se materializa do mesmo modo em todos os lugares do mundo: algumas sociedades, como por exemplo a brasileira, "se estruturaram a partir da aceitação da existência [de mais gêneros] além daqueles que corresponderiam ao masculino e feminino nas sociedades ocidentais", tendo, portanto, mais ou menos "borradas as separações entre masculinidade e feminilidade" (Garcia, 2009, p. 598).

Por outro lado, isso não é completamente verdadeiro já que, na verdade, há muita contradição no modo como se materializa o binarismo de gênero no cenário brasileiro, havendo ora maiores flexibilidades nas categorias e normatividades de gênero e ora muito mais rigidez e violência no estabelecimento das fronteiras do que pode ser considerado "de homem" e "de mulher". Talvez fosse mais produtivo pensar que "o que [...] tenha realmente marcado a singularidade brasileira seja [...] mais a recusa em operar com dualismos e identidades essencializadas, incomensuráveis e intransitivas" (Carrara; Simões, 2007, p. 95). O Brasil, como sociedade moderna e globalizada, com

---

observação e definição do referencial teórico já que outras teorias utilizarão termos diferentes, como convenções de gênero ou estruturas de gênero.

3. Admito, ao mesmo tempo, que o regime de corpo, gênero e sexualidade presente nas instituições jurídicas e de segurança pública se constrói anteriormente aos sujeitos, ao mesmo tempo em que ele é um espelhamento da ordem social, que é produzida por sujeitos. Apesar de contraditória, essa afirmativa reflete o pensamento dialético, que assume que os sujeitos ao mesmo tempo produzem e são produzidos pelo social, de modo que também as instituições produzem os sujeitos e são produzidas por eles. Tomemos como exemplo a prisão: ela é produto social, mas também produz o "sujeito que pode ser preso", isto é, aquele que é mais facilmente capturado por ela em razão de marcadores sociais como raça/etnia e classe social.

Estado de Direito e democracia formal, constitucionalmente aposta na igualdade de gênero e de sexualidade; ao mesmo tempo, essa aposta é paradoxal na medida em que a noção de família nas leis brasileiras se refere a uma norma heterossexual e os "papéis" de gênero que os conservadores querem manter são aqueles rígidos e que privilegiam a supremacia masculina, evidenciando todas as contradições que vimos vivendo com a perda cotidiana de direitos e as violações das mais diversas ordens nesta seara.

Essas contradições, por outro lado, são constitutivas da sociedade brasileira (e também de todas as sociedades capitalistas) e abrem espaço para disputas e interpretações conflitantes mesmo no interior dos movimentos da sociedade, que disputam igualmente as definições e interpretações do que é corpo, gênero e sexualidade. Em que pese os avanços (ainda recentes) de uma cultura democrática no país — que vive, a bem da verdade, uma democracia frágil — são persistentes os traços de uma ordem de corpo, gênero e sexualidade marcada por padrões violentos de desigualdade. Apresenta, assim, dinâmicas historicamente enraizadas caracterizadas por acentuado patriarcalismo e por um machismo e lesbo-homo-bi-transfobia[4] letais e sexualizados, que dá forma à desigualdade de gênero e sexualidade no país.

Não é exagero apontar, por exemplo, que a *cultura do estupro*, que recentemente passou a ser denunciada e discutida pelos movimentos e intelectuais feministas, negros e LGBTI, é um dos traços estruturantes da nossa ordem de corpo, gênero e sexualidade. Se a sociedade brasileira nasceu de um

---

4. Entendo que é um problema conceitual tratarmos a violência contra LGBTI como "fobia", pois essa categoria carrega em si a dupla noção de que: i) as pessoas que violentam LGBTI tem "aversão" ou "medo" desses sujeitos, quando elas é que estão impondo o medo e as suas soberanias; ii) é um problema individual do sujeito homofóbico, quando sabemos que é algo estrutural que norteia as relações sociais. É produtivo pensarmos, em vez disso, na utilização de conceitos que digam respeito aos sistemas estruturais de dominação (como a heteronormatividade e o cissexismo); por outro lado, mantenho a utilização de lesbofobia, homofobia, bifobia e transfobia em razão do amplo acesso que esses termos tiveram no tecido social, e porque considero que, em certa medida, podemos pensar em uma "sociedade homofóbica" se consideramos que a norma heterossexual e a norma cissexista são frágeis, e por sê-lo precisam ser reiteradamente confirmadas através da imposição da violência.

processo imperial e colonial violento com objetificação extrema e utilitária (incluindo sexual e reprodutivamente) das populações alterizadas (Lacerda, 2010), então a própria nação foi engendrada pela cultura do estupro, o que é ainda contemporaneidade reiterada de maneira cotidiana, corriqueira, naturalizada e impune — especialmente em relação às mulheres negras e indígenas (Menezes, 2016). Além disso, o país registra cinco estupros por hora e manifesta a naturalização desse fato nas opiniões públicas, como por exemplo a pesquisa que revelou que "30% dos homens e mulheres concordam com a afirmação: 'A mulher que usa roupas provocantes não pode reclamar se for estuprada'". Só no ano de 2015 o Disque 180, central de atendimento para mulheres que recebe denúncias de violência, registrou mais de nove denúncias diárias de estupro, assédio ou exploração sexual (Lima; Bueno, 2016, p. 38).

É assim que a *violência letal contra as mulheres* aparece como outro exemplo da realidade nacional quanto à sua ordem de corpo, gênero e sexualidade. O Brasil é o quinto país no mundo no *ranking* da violência letal contra a mulher (denominado feminicídio), perdendo apenas para El Salvador, Colômbia, Guatemala e Rússia (os quatro primeiros países, portanto, pertencentes à América Latina), de acordo com o *Mapa da violência: homicídio de mulheres no Brasil* (Waiselfisz, 2015). Ainda segundo o relatório, o assassinato de mulheres brancas caiu 10% na última década (entre 2003 e 2013), enquanto o de mulheres negras subiu 54%. A maioria dessas mortes (55,3%) acontece no ambiente doméstico e é executada em 33,2% dos casos pelos parceiros ou ex-parceiros, demonstrando o padrão do feminicídio racializado e de caráter doméstico que o Brasil experimenta e que constitui outra característica estruturante: a *violência doméstica contra a mulher*.

Esses dados demonstram também a relação combinada entre sexismo, racismo e pobreza para a produção do tipo de machismo da sociedade brasileira, que autoriza e legitima a dominação masculina através da impunidade e que culpabiliza a vítima pelo crime sofrido. Os reflexos dos quase 260 anos de escravidão no Brasil (1530 a 1888) produziram a pobreza racializada característica do país, que em termos de gênero e sexualidade têm efeitos ainda mais paradigmáticos: se por um lado recai sobre as mulheres brancas a noção do "sexo frágil", as mulheres negras brasileiras nunca foram assim consideradas (Arraes, 2013). Ainda sob a ótica racial, é preciso olhar sobre as experiências em relação ao *culto do corpo e sua hipersexualização*: seja por raízes culturais, seja em termos de reiterações identitárias dos significados produzidos "pelo estrangeiro" em relação ao Brasil — a noção do *latin lover* e da latina quente presente na cultura estadunidense, por exemplo (Goulart, 2015), ou da mulata sensual em outros contextos — o fato é que os corpos recebem muita visibilidade em um quadro geral, sendo destaque em eventos nacionais como o carnaval. Especialmente em comunidades periféricas (tanto em termos simbólicos quanto econômicos) é permitido ao corpo ser visto e acessado, experiência essa que talvez esteja mais ou menos distante de países do "norte global". Essa relação com o corpo também precisa ser pensada do ponto de vista dos marcadores de raça e etnia, já que o estereótipo do exótico (as raízes étnicas) e do erótico (a/o amante) é marcado e incorporado desde uma perspectiva colonizadora.

As características particulares do *trabalho doméstico* e as relações de dominação de gênero no ambiente familiar também são presentes no desenho da ordem brasileira: é relevante o número de mulheres "chefes de família" no Brasil — 40% em 2015 segundo o Instituto Brasileiro de Geografia e Estatística (IBGE) — um aumento de 67% nos últimos dez anos contra 6% em relação aos homens. O fenômeno das mulheres chefes de famílias ocorre nas periferias, principalmente porque são elas a referência econômica no ambiente doméstico em situações que os homens abandonam a responsabilidade paternal. De novo sob a perspectiva racial, são as mulheres negras a maioria entre as mulheres da periferia, que acumulam trabalho doméstico com trabalho fora de casa e onde a ideia de "divisão sexual do trabalho" torna-se sensivelmente mais borrada, uma vez que sob uma perspectiva agora "gendrada" da raça, tanto mulheres quanto homens negros podem se ocupar de tarefas muito semelhantes, trabalhando desde muito jovens, cuidando da roça no meio rural, lidando com trabalhos pesados, transportando cargas etc. (Arraes, 2013).

Já em relação às mulheres transexuais e travestis, o Brasil é o país onde mais essas pessoas são assassinadas no mundo, segundo dados anuais da Transgender Europe (Belzer; Simon, 2015), seguido de outros três países que também são da América do Sul e Central. A presença massiva desses países no topo dos índices mundiais de violência contra mulheres transexuais e travestis não pode, sem prejuízo à análise, ser reduzida a mera coincidência — já que esses lugares flertam com uma política de extermínio. É, pois, por esse motivo, que a *transfobia estrutural* aparece como outra característica da ordem de corpo, gênero e sexualidade brasileira. A lesbo-homo-bi-transfobia e a femeofobia (como forma extrema de misoginia) aliás, são, na verdade, resultados derivados do androcentrismo e da dominação masculina, porque são respectivamente e em ordem inversa, o ódio ao feminino cisgênero, o ódio ao masculino que se feminiza nas mulheres trans (seja pela prática sexual, seja pela apresentação de si e da transformação do corpo), e o ódio ao feminino que se masculiniza no caso de homens trans e de mulheres lésbicas e bissexuais. Tais manifestações de ódio são recolhidas pelo populismo punitivista que se alimenta do medo da violência e se expressa na exploração política desse medo. O discurso que termina por prevalecer nesta exploração política do medo é, justamente, o da necessidade de mais "política" penitenciária e de segurança, mais judicialização da questão social e mais criminalização de modos e condições de vida desconformes — mas somente contra os "desconformes", já que as pautas por criminalização de determinados tipos de violência que advêm dos movimentos LGBTI são sumariamente ignoradas.

Já em relação ao serviço social, como área de conhecimento científico e como profissão inserida na divisão social e técnica do trabalho, temos visto que ele tem passado longos anos distante da discussão que tematiza a diversidade sexual e de gênero, com poucas exceções de pesquisadoras/es e de trabalhadoras/es que procuram lançar luz sobre as experiências das pessoas LGBTI. A raiz conservadora da profissão, aliás, é o que pode explicar esse grande processo de invisibilização do tema no interior do serviço social — por exemplo, o primeiro artigo científico brasileiro sobre a população transgênero (isto é, de travestis e transexuais) na área do serviço social pertence aos anos 2000, duas décadas depois do surgimento dessa discussão na ciência e dez anos depois das primeiras produções sobre o tema (Ferreira, 2016a). Esse fato possui intrínseca relação, também, com o serviço social ser uma área que tende mais a aguardar a institucionalização dos fenômenos sociais (materializados, por exemplo, em ações de governo, planos, programas e projetos que reverberem em políticas públicas) do que antecipar e acompanhar sua institucionalização. Isso porque é uma área que tem como característica produzir conhecimento majoritariamente para qualificar sua prática profissional. Assim, sem políticas instituídas para a população LGBTI, a profissão acabou invisibilizando essas pessoas, tanto em termos acadêmicos e da formação profissional (até hoje os currículos dos cursos de serviço social são carentes dessa discussão) quanto em relação às possibilidades da intervenção social.

É preciso perceber, ainda, que o serviço social no sociojurídico lida com processos de trabalho específicos, tendo em consideração o recorte da orientação sexual e da identidade de gênero. Os fenômenos que nos debruçaremos nesta obra — adoção, aprisionamento, acautelamento e abordagem policial, violência, união homossexual, retificação do nome etc. — aparecem no cotidiano de trabalho da/o assistente social como demandas sociais que exigem uma compreensão qualificada dessa realidade e que são inexistentes no âmbito da formação superior em serviço social. O objetivo do livro, por isso, é trazer para o debate questões relacionadas a esses temas, instrumentalizando as/os profissionais e estudantes que desejarem se deter sobre essas discussões através da reflexão crítica e fundamentada.

Além de um livro necessário para quem trabalha diretamente na justiça, na área penal ou policial, é também uma obra importante para os tempos que vivemos, de recrudescimento do conservadorismo e do Estado Penal, de busca por respostas violentas para deter a violência, de fundamentalismo religioso que vocifera contra a diversidade, de atualização do debate sobre "cura" homossexual, de permanência da transexualidade como patologia, de incriminação de determinados exercícios da sexualidade etc. Espero, por isso, que o texto aqui escrito por mim encontre eco em profissionais e estudantes de serviço social de muitos lugares do Brasil, suprimindo uma lacuna ainda imperante na profissão; que estimule também a produção da área sobre esses temas, que possui o dever de incorporar os debates e conhecimentos sobre gênero e sexualidade para a produção de conhecimento, formulação de políticas públicas e práticas de atendimento; e que contribua, por fim, com o estabelecimento de relações profissionais éticas que temos previstas no nosso projeto ético e político, nesses tempos incoerentes em que vivemos.

Guilherme Gomes Ferreira
Janeiro de 2018

Capítulo 1
Direitos humanos e as categorias de entendimento da diversidade sexual e de gênero

Antes de mais nada, parece-me importante que, para entrarmos na discussão propriamente deste capítulo, limpemos o terreno sobre alguns termos e conceitos frequentemente confundidos no debate do senso comum e pela nossa profissão. Optei por um pequeno glossário que pode nos ajudar nesse intento:

Gênero e sexo: a palavra "gênero", emprestada da gramática e da linguagem, surge para o movimento feminista como uma categoria explicativa das relações sociais baseadas no "sexo" (que é uma informação histórica sobre um dado biológico dos seres humanos); serve, por isso, como categoria descritiva da realidade social (dando visibilidade a um tipo de marcador social que possibilita enxergar outras formas de opressão, assim como classe social e raça) e como categoria analítica (permitindo ler os fenômenos sociais desde uma perspectiva de gênero, percebendo essa categoria como fundante das próprias relações sociais). Para o serviço social, é importante termos essas categorias desde uma perspectiva histórica, política e social, pois são produzidas pela atividade humana.

Identidade de gênero: é a experiência que cada pessoa tem sobre qual gênero a sua identidade carrega. Se existe uma expectativa de que as pessoas com um pênis sejam homens e pessoas com uma vagina sejam mulheres, não é natural que as pessoas necessariamente correspondam a essa expectativa e se identifiquem com ela. Assim, definimos cisgêneros como aqueles sujeitos cuja identidade de gênero concorda com o que socialmente se estabeleceu como o padrão para o seu sexo (Jesus, 2012), e transgêneros como aquelas pessoas que rompem, em algum momento de suas vidas, com essa expectativa. As identidades de gênero também são produzidas histórica e socialmente, por isso não é algo somente sobre "como as pessoas se sentem", mas também algo sobre "como elas são interpretadas socialmente". As sociedades e culturas constroem as suas ordens de gênero de maneiras distintas, o que significa que haverá identidades transgênero (ou identidades trans, como forma de abreviar o termo) específicas de cada sociedade. No Brasil, convencionou-se especificar as identidades trans através das categorias "travesti" e "transexual", que possuem diferenças discursivas, geográficas, históricas e sociais. Não me dedicarei profundamente a essas diferenças, que podem ser encontradas em outras literaturas (Bento, 2006; Pelúcio, 2006; Leite Jr., 2008; Barbosa, 2010; Ferreira, 2015b). Nos últimos anos, tem ingressado também no campo científico e nos ativismos aquelas pessoas que não se identificam dentro das possibilidades de ser homem ou de ser mulher, reivindicando serem tratadas como pessoas não binárias e até mesmo pessoas *queer* — termo que é carregado de significados e que é utilizado por algumas pessoas mais resistentes a classificações identitárias.

Orientação sexual: corresponde à identificação das pessoas com as categorias socialmente validadas sobre um determinado desejo e afeto que

Diversidade sexual e de gênero

sentem e direcionam para outras pessoas[1]. Um homem pode se interessar erótica e afetivamente por mulheres, por homens, por ambos ou por nenhum deles, e caso ele trate esse desejo identitariamente, estabelecerá, assim, que é heterossexual (se seu desejo for por mulheres), homossexual (se for por homens), bissexual (se for por ambos) ou assexual (se não se sente capaz de ter atração sexual por outras pessoas, podendo ou não estabelecer uma relação romântica). Essas categorias correspondem a convenções construídas histórica e culturalmente em nossa sociedade e não são necessariamente reconhecidas e utilizadas em outras culturas e sociedades. Existe atualmente uma série de outras identidades sexuais pouco ainda presentes no debate político e sobre as quais eu também não vou me deter pelo fato de não haver ainda, do meu ponto de vista, violações identitárias fundamentais que se relacionem com o debate histórico dos direitos humanos. Também é importante dizer que diferencio a identidade do desejo, pelo fato de algumas pessoas terem determinadas práticas sexuais fundadas em seus desejos sem, no entanto, se identificarem com o termo socialmente designado para classificar as pessoas que desenvolvem aquela prática — pois prática sexual e identidade não têm uma relação causal de derivação. No campo da epidemiologia, por exemplo, foi criado o conceito de HSH (homens que fazem sexo com homens) justamente para contemplar aqueles homens que têm sexo com outros homens e ainda assim se consideram heterossexuais (porque não estabeleceriam relacionamentos românticos com outros homens ou simplesmente porque

---

1. O termo "orientação sexual" deve substituir o termo "opção sexual", pois, como afirma João Silvério Trevisan (2004, p. 34), "não creio que 99% das pessoas que se sentem como homossexuais poderiam dizer que fizeram uma opção [...]. Eventualmente, elas tiveram sim que assumir sua homossexualidade no nível social, mas o rumo para onde apontava o seu desejo — alguém do mesmo sexo — já estava forçando essa escolha. Ou seja, tais pessoas fazem opção de ser *socialmente* homossexuais, não de desejarem socialmente". No mesmo sentido de esclarecimento do uso de termos, vale lembrar que falamos "homossexualidade" e não "homossexualismo" (e de mesma forma o correto é transexualidade e travestilidade e não transexualismo e travestismo). Isso porque o sufixo "ismo" denota o caráter patológico que essas palavras tiveram no passado. Ainda, e por fim, utilizamos sempre os artigos femininos em relação às travestis (nunca "o" travesti") pois é uma identidade de gênero que se inscreve no espectro do feminino.

não se identificam culturalmente com aquela identidade, já que determinam sua orientação sexual e sua identidade de gênero por um entendimento de "gênero", e não por informações biológicas).

Intersexualidade: chamamos de intersexo uma variedade de pessoas que possuem condições anatômicas, de ordem reprodutiva ou sexual, que não correspondem às definições tradicionais do que seja o sexo feminino ou o sexo masculino. Antigamente chamadas de hermafroditas (termo médico carregado de preconceitos e de equívocos que, por isso, foi rejeitado pelos movimentos políticos de pessoas intersexo), essas pessoas podem nascer com uma aparência fenotípica feminina e anatomia interna masculina, ou vice-versa; ou então com genitais do que poderia ser considerado "de ambos os sexos"; ou, ainda, com uma variedade genética diversa das opções "XX" e "XY". São pessoas que historicamente sofreram intervenções cirúrgicas para adequação de seus corpos à norma binária sexual e anatômica definida pelas ciências médicas, o que causou e continua a causar intenso sofrimento àquelas/es que foram objeto dessas intervenções, normalmente realizadas no início de suas vidas sem que pudessem intervir nas escolhas feitas por terceiros sobre seus sexos e gêneros.

Outras categorias precisariam ser explicadas, mas pretendo fazê-lo no decorrer dos textos, pois tendo essas em consideração já é possível perceber os motivos para tratarmos os conceitos de diversidade sexual e de gênero de maneira sempre combinada. É uma tentativa tola separá-los, pois ainda que nosso intento seja explicar esses termos didaticamente, a realidade social não é linear e nem pode ser tratada por caixinhas. Além disso, cabe salientar que as categorias LGBTI são categorias políticas, de representação política, e por isso não dão conta de incorporar todas as variantes identitárias e subjetivas produzidas pelos sujeitos nas suas relações interpessoais; dizem, assim, mais respeito a estruturas de dominação, havendo sempre mais categorias identitárias do que categorias de representação política de segmentos. É importante apontar essa distinção porque a produção identitária é mais dinâmica que a produção de categorias de representação política e, por isso, devemos prestar atenção à produção de diferenças que podem não estar previstas nas categorias que pensamos para atender segmentos nos serviços onde nos inserimos.

Nesse ponto vale a pena, então, recuperar o debate dos direitos humanos e procurar nele aquilo que torna essa discussão fundamental, que é o direito das pessoas de ter suas dignidades preservadas. Esse debate permanece sendo feito, na contemporaneidade, de diferentes formas e sob diferentes usos, construído desde uma perspectiva mais jusnaturalista — "todas as pessoas têm direitos, porque são humanas" — até uma perspectiva mais crítica e histórica — "apesar de todas as pessoas terem o direito a ter direitos, eles correspondem a lutas sociais concretas". Gosto, particularmente, de pensar na elaboração do filósofo italiano Norberto Bobbio (2004, p. 25) de que os direitos, por mais fundamentais que eles sejam para a vida das pessoas, são *direitos históricos*: "nascidos em certas circunstâncias, caracterizados por lutas em defesa de novas liberdades contra velhos poderes, e nascidos de modo gradual, não todos de uma vez e nem de uma vez por todas". É em certo sentido (guardando, evidentemente, as devidas proporções) como este livro, já que esta obra, penso, não poderia surgir em momento mais oportuno — e justamente pela oportunidade de vivermos um tempo histórico de tantas ameaças aos direitos humanos e, principalmente, aos direitos sexuais e de gênero, que esta publicação só pôde ser maturada e considerada fundamental nesse momento da nossa história.

É claro que, por ser um texto que recorta uma dimensão do direito humano (o gênero e a sexualidade), essa discussão vai ser encaminhada do ponto de vista dos direitos da população LGBTI. O que são, então, os direitos dessas pessoas e como eles se relacionam com as demandas políticas dos movimentos sociais LGBTI e com as situações de violação de direitos humanos motivadas por orientação sexual e identidade de gênero?

Quando o serviço social brasileiro introduziu a discussão de gênero na sua formação profissional, no ensino e na pesquisa e também através da sua participação em movimentos sociais, o debate de gênero ficou bastante colado às lutas das mulheres. Mas gênero, como categoria analítica, existe para explicar as desigualdades sociais baseadas na ideia do sexo, funcionando, por isso, como uma categoria também relacional. Joan Scott (1995, p. 72) afirma que, quando esse conceito surgiu, era fundamental "rejeitar um determinismo biológico implícito no uso de termos como sexo ou diferença sexual" já que essas diferenças eram e são fundamentalmente sociais; vale assinalar também a obra de Gayle Rubin (1993) que distingue as noções de "gênero" e "sexo" ao caracterizar aquilo que passou a chamar de "sistema sexo/gênero".

Assim, apesar de a noção de gênero ter surgido primeiramente do debate e da produção acadêmica de teóricas feministas, o debate sobre gênero não pode ser realizado apenas como sinônimo do debate sobre as mulheres, pois ele também se relaciona ao tema das masculinidades, das homossexualidades e das identidades trans (que podemos denominar, como termo guarda-chuva, de transgeneridades). Quando um homem é chamado de "bicha" pela maneira como se veste ou como se comporta, por exemplo, isso diz menos sobre a sexualidade do sujeito e mais sobre a performatividade de gênero[2], já que não podemos supor que ele seja homossexual pelo jeito que anda, veste e fala; o que recai sobre ele, ao contrário, é a acusação de que a sua performance masculina "não está lá muito boa", identificando-se componentes de performatividade feminina (dentro dos padrões do que é considerado hegemonicamente masculino e feminino).

---

2. O ato performático do gênero (a performatividade de gênero), para Butler (2012), diz respeito ao caráter de repetição e reprodução de enunciados que dizem respeito a um sistema de regras que produzem a inteligibilidade cultural do masculino e do feminino. Atuando a partir da diferenciação, um enunciado performativo como "isso é coisa de homem" institui um domínio do masculino a partir do qual são identificados os sujeitos não homens, os que não se coadunam às práticas estabelecidas como "coisa de homem". A autora afirma também que os sujeitos são reiteradamente generificados por meio da norma, o que significa que o caráter performático do discurso produz o gênero nos sujeitos através da repetição de gestos, atos e expressões que reforçam e corroboram com uma construção determinada de feminino ou masculino. Para que uma pessoa seja, portanto, considerada e construída socialmente como mulher ou homem, ela deve reiteradamente se expressar de uma forma específica através de uma *performance de gênero* — gestos, comportamentos e atitudes que sejam consideradas femininas ou masculinas.

Algo semelhante acontece com as mulheres cisgênero quando dizem que não pretendem ser mães ("então onde está o instituto materno"?), quando é dito de um homem gay que ele "nem parece gay", quando pessoas trans namoram outra pessoa do mesmo gênero que elas (e paira sobre elas a pergunta: "para que fez a transição?[3]") etc. São *expectativas de gênero* não cumpridas, algo que experimentamos antes mesmo do nascimento, já na anunciação da/o médica/o, como afirma Preciado (2002), sobre a criança que vai nascer "ser um menino" ou "ser uma menina": toda uma teia de saberes, injunções e expectativas atravessa o corpo daquele bebê e a partir de então o gênero é estabelecido, com a compra de roupas "masculinas" ou "femininas", com a pintura do quarto da criança de uma determinada cor, com o desejo de que ela tenha determinada profissão e goste de determinados brinquedos etc.

Como já apontado anteriormente, o Brasil é conhecido como um dos países em que há o maior número de assassinatos por orientação sexual ou identidade de gênero no mundo todo. Mas tendemos a confundir o que é orientação sexual e o que é identidade de gênero, mesmo quando se trata de mortes e de violações de direitos humanos. Quando um menino apanha na escola porque ele "andava rebolando" ou porque "desmunhecava" enquanto falava, isso é uma discriminação que pode falar sobre a sua sexualidade, mas certamente fala em primeiro lugar sobre a questão da performatividade de gênero. Isto é, como uma sociedade com base em valores machistas, homofóbicos e transfóbicos pode admitir que um homem se comporte de um jeito "pouco masculino"? Butler (2012) vai chamar a atenção sobre esse fato ao dizer que a heteronormatividade produz uma harmonia sobre a tríade

---

3. Transição de gênero é quando uma pessoa transexual ou travesti passa a fazer uma série de modificações corporais que possibilitem expressar a real identidade de gênero da pessoa. Por exemplo: quando uma mulher transexual ou travesti passa a ingerir ou a aplicar em si hormônios que tornam o seu corpo feminino (naquilo que é considerado socialmente feminino), algumas vezes fazendo uso também de cirurgias genitais, implante de silicones mamários etc. A transição de gênero também se refere à uma série de requisições sociais e jurídicas que a pessoa pretende estabelecer (ser chamada e reconhecida pelo nome com o qual se identifica, por exemplo).

sexo-gênero-desejo, de modo que as pessoas que nascem com um pênis ou uma vagina são conduzidas a se perceberem como homens ou mulheres (a se comportarem masculinamente ou femininamente) e a sentirem atração por pessoas do sexo oposto.

O debate dos direitos humanos, assim, se intersecciona com o tema da diversidade sexual e de gênero especialmente quando pensamos a luta por direitos de uma população historicamente negligenciada e violada nesses direitos — a população LGBTI, que, pelo gênero ou pela sexualidade, é tratada marginalmente e acaba experimentando diferentes processos de subalternização e precarização da vida. A categoria gramsciana da subalternidade e o pensamento sobre justiça social de Nancy Fraser são, assim, importantes para que as/os assistentes sociais possam pensar os modos e condições de vida dessas pessoas, já que muitas das suas demandas sociais, ainda que possuam reflexos materiais, não são da ordem da redistribuição econômica diretamente, mas do reconhecimento social (que acarreta, em certo sentido, em maior acesso econômico).

As lutas sociais da população LGBTI correspondem a um momento histórico específico em que determinados sujeitos puderam reivindicá-los, lutas que vieram sendo gradualmente travadas em busca das transformações das condições de vida dessa população. Se no passado a homossexualidade era considerada uma patologia e figurava no Código Internacional de Doenças; se homossexuais eram lobotomizadas/os e trancafiadas/os em hospitais de custódia em razão da orientação sexual dissidente; se travestis eram mortas pela polícia ou presas com a permissão do Estado através de leis relacionadas aos costumes da época; se transexuais eram tratadas/os com terapias psicológicas e psiquiátricas para terem a identidade de gênero reorientada; se pessoas trans eram levadas a julgamento porque se vestiam de acordo com os seus gêneros e isso era considerado crime de "travestismo em público", podendo essas pessoas serem presas ou internadas por meio de medidas de segurança, hoje podemos dizer que já não é mais assim. Mas isso não mudou para sempre, nada está ganho ou garantido: o debate sobre "cura gay" frequentemente reaparece, a transexualidade ainda é considerada em termos médicos como uma patologia, as travestis que trabalham no comércio do sexo ainda correm da polícia (especialmente naqueles bairros mais fortemente controlados pelos aparelhos penais), as lésbicas ainda sofrem com "estupros corretivos".

É por isso que, no debate dos direitos humanos LGBTI, prefiro falar em *afirmação de direitos* ao invés de *garantia de direitos*. Esses direitos sistematicamente precisam ser afirmados como necessários, debatidos, disputados, não estão jamais garantidos; podemos pensar que essa afirmação se intensifica ainda mais em um momento histórico como o contemporâneo, em que o conservadorismo vê no alargamento dos direitos LGBTI uma ameaça à família, à moral e aos bons costumes já que, como afirma Maria Lúcia Barroco (2009), essa instituição familiar — e tudo aquilo que dela decorre, como o decoro, o aprendizado pela hierarquia e pela autoridade masculina, a distribuição verticalizada de papéis de gênero, a heterossexualidade compulsória como padrão natural de sexualidade, a divisão sexual do trabalho, o reforço ao binarismo de gênero etc. — *figura como principal objeto de investimento e injunção do pensamento conservador contemporâneo*[4], de modo que vemos apelos morais ao bem comum através de abstrações contidas, por exemplo, no projeto de estatuto da família; na proibição do aborto legal e de estatuto do nascituro; e até mesmo em projetos que procuram instituir o orgulho heterossexual e criminalizar a "heterofobia"[5] (Ferreira, 2016b),

---

4. "Em função da grande carga afetiva mobilizada na opção conservadora, ela exige e pressupõe a repressão da sexualidade, como já analisou brilhantemente Wilhelm Reich. Por isso o fascista e o conservador são um moralista. O moralismo e suas manifestações associadas, como a intransigente defesa da família, por exemplo, são um elemento constante no discurso conservador, mas aqui também é necessário a alteridade, um outro que ameace a ordem e a harmonia do padrão moral, daí que não nos espanta que o discurso conservador associe o nacionalismo, a irracionalidade, o moralismo com a homofobia" (Iasi, 2015, s/p).

5. Na ordem em que são citados: projeto de lei (PL) n. 6.583/13 que define a entidade familiar como um "núcleo social formado a partir da união entre um homem e uma mulher" e proíbe a adoção por casais homossexuais; PL n. 5.069/13 que modifica a Lei de Atendimento às Vítimas de Violência Sexual (Lei n. 12.845/13); PL n. 478/07 que proíbe o aborto mesmo em caso de estupro e transforma o aborto ilegal em crime hediondo; PL n. 1.672/11 que institui o Dia do Orgulho

para não falar do conservadorismo incrustrado nas opiniões comuns que acham que homossexuais não deveriam se casar ou adotar, pois de acordo com conservador, "não são família" e podem trazer problemas psicológicos para as crianças.

O fortalecimento da plataforma conservadora coloca em risco os direitos já afirmados e dificulta ainda mais o avanço do processo de reconhecimento civil, político e social nos termos da agenda da diversidade sexual e de gênero. Com o fortalecimento das forças políticas de base religiosa fundamentalista nos espaços de decisão política, aliada a um projeto neoliberal de diminuição do Estado Social que preconiza o individualismo e a meritocracia (estabelecendo assim um caldo cultural que enfraquece as lutas coletivas e aumenta a desigualdade social), vemos que mais LGBTI são mortos ou agredidos nas ruas, menos respeito há com relação à união homossexual (e mais expressão de ódio é escancarada na mídia e nas redes sociais), mais travestis e transexuais são expulsas de casa e da escola (com o aparecimento ainda da luta conservadora contra a chamada "ideologia de gênero"), a adoção por casais homossexuais é mais moralizada, há menos respeito por religiões dissidentes e cada vez as políticas públicas são executadas com mais interferência religiosa.

Mais do que disputa por direitos, essas lutas que estão sendo marcadas por um avanço do conservadorismo e do fundamentalismo religioso entram em disputa em torno de um *projeto de sociedade*, reivindicado pelos segmentos LGBTI e também pelas mulheres, por negros, quilombolas e indígenas, pelas pessoas com deficiência, pela população pobre etc. Em alguma medida é preciso ter em conta que o conservadorismo entra em guerra contra toda essa diversidade marcada pela desigualdade, irrestritamente, já que a diversidade ameaça o *status quo*, aquilo que tradicionalmente é estabelecido e que o conservador teme perder em detrimento de qualquer mudança (pois a tendência da sociedade tradicional patriarcal é a de uniformizar e

---

Heterossexual; e o PL n. 7.382/10 que pune com prisão a "heterofobia" e prevê pena de reclusão de um a três anos para casos de discriminação contra heterossexuais.

padronizar a heteronormatividade de raiz ocidental e branca). Ouso dizer, entretanto, que as transformações pleiteadas pela população LGBTI são, de todas as ordens, aquelas que mais afetam os moralismos enraizados no conjunto da sociedade, já que o corpo, o gênero e a sexualidade são objetos de disputa pública: toda uma teia de saberes e poderes investe e atravessa essas questões, como já disse Foucault (1988). O motivo é que, sobre o gênero e a sexualidade, permanece um paradoxo: ao mesmo tempo em que dizemos que "esses assuntos" são da ordem do privado ("cada um faz o que quer entre quatro paredes"), é publicamente que debatemos sobre a negação de direitos ("a mídia deu para querer nos fazer engolir goela abaixo os homossexuais"; "travestis não podem acessar banheiros femininos"; "ninguém vai me obrigar a tratar transexual por nome que não seja o de registro"; "sou contra o casamento entre pessoas do mesmo sexo"; e por aí vai).

Resta, então, que a população LGBTI fique à mercê de diversas opressões e violências tratadas como "opinião pessoal", tendo assim uma gama de seus direitos violados em diversas dimensões e escalas, além daqueles direitos que já não são historicamente garantidos por lei. Embora quando se trate do tema se reconheçam esses direitos como sexuais ou reprodutivos — e esse segmento populacional como correspondente a esse aspecto dos direitos humanos — as violações dos direitos dessas pessoas são de toda a ordem e estão presentes também no cerceamento de liberdades e de expressões, e em negação de direitos civis, políticos, culturais, econômicos e sociais. Há um descompasso entre o reconhecimento de direitos e a efetiva existência destes previstos na letra das leis, e é esse *gap* que abre espaço para se tratar direitos como "opinião pessoal": o Estado não garante efetivamente todo o conjunto de direitos reivindicados pelos segmentos LGBTI e previstos nas convenções internacionais, das quais o Brasil é signatário.

É preciso, por isso, que tenhamos em mente aquilo que já foi minimamente afirmado como direito em relação a tratados, resoluções, leis, decretos e outros textos jurídicos, entrando já na arena do serviço social no sociojurídico e que configura o primeiro compromisso das/os assistentes sociais dessa seara com essa população: garantir o acesso à informação.

No que se refere à documentação internacional, configura-se como documento de consolidação do combate à discriminação por orientação sexual ou identidade de gênero os Princípios de Yogyakarta, um importante recurso para a aplicação da legislação internacional de direitos humanos às questões relacionadas à população LGBTI, o que ratifica os padrões legais internacionais que os Estados participantes se comprometem em cumprir (e o Brasil está entre eles). O documento, elaborado por vinte e nove especialistas de vinte e cinco países diferentes foi produzido em novembro de 2006 na cidade de Yogyakarta, na Indonésia. No âmbito nacional, o órgão governamental responsável pelos direitos humanos da população LGBTI é o Ministério dos Direitos Humanos, mais especificamente a Direção de Promoção dos Direitos de Lésbicas, Gays, Bissexuais, Travestis e Transexuais. Esse Ministério já produziu o Programa Brasil Sem Homofobia, em 2004, e três versões do Plano Nacional de Direitos Humanos, que também trata de alguns direitos da população LGBTI (como o direito à adoção por casais de homossexuais e o direito ao reconhecimento e utilização do nome social de travestis e transexuais).

Em 2009, o Governo Federal também lança o Plano Nacional de Promoção da Cidadania e Direitos Humanos de Lésbicas, Gays, Bissexuais, Travestis e Transexuais como instrumento de consolidação do esforço da então Presidência da República em discutir as necessidades sociais dessa população de acordo com o que preconiza o Programa Brasil Sem Homofobia. Além da pasta de direitos humanos, outras produziram planos, programas e documentos legais que tematizam a diversidade sexual e de gênero, dentre os quais se destacam o Plano Nacional de Enfrentamento da Epidemia de Aids entre Gays, outros Homens que fazem Sexo com Homens (HSH) e Travestis; a Política Nacional de Saúde Integral LGBT; a Portaria do Ministério da Saúde n. 91.820, que institui o direito ao uso do nome social de pessoas trans no Sistema Único de Saúde (SUS); os cadernos sobre Gênero e Sexualidade na Escola do Ministério da Educação e a afirmação do gênero e da sexualidade como temas transversais nos Parâmetros Curriculares Nacionais, entre outros documentos mais específicos que discutiremos no decorrer deste livro quando tratam dos temas que nos propomos discutir aqui.

Diversidade sexual e de gênero

Apesar de tudo isso, a população LGBTI ainda é carente de políticas públicas, uma vez que diversos desses documentos, na prática, não são materializados e alguns até mesmo foram suspendidos diante das mudanças de governo. Ainda, a rede socioassistencial de promoção e defesa dos direitos humanos dessas pessoas é extremamente escassa no país, ficando a cargo hegemonicamente dos movimentos sociais, organizações não governamentais (ONGs) e instituições do terceiro setor o atendimento às violações de direitos motivados por gênero e sexualidade. Isso é comprovado até mesmo nos documentos governamentais que já citei: o programa Brasil sem Homofobia (BSH), por exemplo, menciona 60 ações em onze áreas de oito secretarias e ministérios, mas suas metas visam mais o fortalecimento de instituições não governamentais que atuem na promoção da cidadania LGBTI. A influência das ONGs no BSH é evidenciada logo na segunda página do programa, que divulga uma reunião ampliada com dezoito ONGs estaduais e nacionais sob a denominação de "uma articulação bem-sucedida" entre o Governo Federal e a Sociedade Civil Organizada. Nos anos 2005 e 2006 foram implementados 45 centros de referência LGBTI governamentais nas principais cidades e capitais do país, com o objetivo de prestar assistência psicológica, social e jurídica à população LGBTI. Em 2006, foi estendido o projeto dos Centros de Referência em Direitos Humanos para as universidades com a intenção de instituir a implementação de Núcleos de Referência em Direitos Humanos em oito instituições públicas de ensino superior. Entretanto, pouquíssimas instituições como essas permaneceram.

Além da quase inexistência de instituições específicas que atendam as demandas da população LGBTI, é importante pensar, considerando a perspectiva das interseccionalidade — a conexão entre diversos marcadores sociais das diferenças que produz experiências novas com o social (Piscitelli, 2008), que essas pessoas podem não ter demandas particularizadas atendidas em serviços destinados a toda a população. Se, por exemplo, uma jovem transexual negra é exposta à violência na escola e ela recorre à uma Delegacia de Proteção da Criança e do Adolescente (DPCA), é possível que a articulação que o seu gênero e sua raça produzem não seja considerada relevante na análise sobre os motivos da ofensa, de modo que não se reconheça a articulação da transfobia, do machismo e do racismo para que ocorra uma violência sobre essa pessoa; outro exemplo: uma mulher lésbica que recorre à uma Delegacia da Mulher por agressão lesbofóbica de um membro da família pode ter subsumida sua condição homossexual no momento de registrar queixa e a denúncia aparecer somente como violência doméstica, ou na melhor hipótese, violência de gênero, negando a dimensão da sexualidade do tipo de violência sofrida.

Sabemos como é difícil que organismos governamentais possuam qualificação e educação continuada para os temas de gênero e sexualidade, o que dificulta que pensem transversalmente a diversidade sexual e de gênero na totalidade da vida dessas pessoas que têm violados os seus direitos humanos. Por isso é que é fundamental, ao menos, que as/os assistentes sociais da área sociojurídica se municiem de uma informação atualizada e capacitada da rede de serviços socioassistenciais para onde as demandas sociais da população LGBTI possam ser encaminhadas. A seguir, sugiro alguns serviços tradicionalmente conhecidos por acolherem situações de diversidade sexual e de gênero, tendo em conta que essa rede é circunstancial a um tempo histórico e varia em cada região, podendo também avançar ou retroceder, dependendo da situação política e econômica do país:

Educação: usualmente as/os jovens LGBTI no contexto escolar têm impeditivos de acessar a escola e permanecer nela em razão de discriminações por gênero e sexualidade. As queixas de pessoas trans em não terem o nome social atendido na chamada escolar são inúmeras, bem como a impossibilidade de frequentarem o banheiro de acordo com as suas identidades de gênero. O Brasil ainda não possui nenhum instrumento com força de lei que obrigue as escolas a tratarem pessoas trans pelo nome social ou que garanta a elas o uso do banheiro que desejam, embora várias instituições, principalmente de nível superior, tenham criado normas internas que reconhecem, validam e garantem o uso do nome social dentro de seus espaços institucionais. Por isso é importante conhecer as leis municipais e estaduais e consultar se, na cidade ou Estado em questão, há algum dispositivo que pelo menos recomende o tratamento nominal e o acesso ao banheiro de acordo com o gênero da pessoa, e não o sexo. Os Conselhos Tutelares também devem ser chamados a tratar dessa questão com seriedade e compromisso ético com o respeito às diferenças sexuais e de gênero, além das/os próprias/os diretoras/es escolares que precisam ter em mente a existência dos Planos Curriculares Nacionais e o debate transversal de gênero e sexualidade como um direito de quem estuda.

Saúde: o processo transexualizador, instituído pelas Portarias n. 1.707 e n. 457 de 2008 e ampliado pela Portaria n. 2.803 de 2013, é realizado no âmbito do SUS e afirma a necessidade do atendimento integral à saúde de pessoas transexuais e travestis (desde o acolhimento e o atendimento do nome social até a hormonioterapia e as cirurgias que as pessoas necessitarem, como a mastectomia, para os homens trans, e a cirurgia genital para as mulheres trans — já que para os homens trans ainda é considerada experimental no Brasil — chamada também de transgenitalização ou de cirurgia de readequação genital). Foram mapeados apenas dez serviços ambulatoriais para as demandas de saúde da população trans em todo o Brasil, alguns sendo efetivamente implantados somente em 2017. São eles: Hospital de Clínicas de Porto Alegre (RS); CRE Metropolitano em Curitiba (PR); Hospital de Clínicas da Faculdade de Medicina da USP (SP); Centro de Referência e Treinamento DST/Aids (SP); Ambulatório do Núcleo de Assistência Multiprofissional à Pessoa Trans da Unifesp (SP); Hospital Universitário Pedro Ernesto (RJ); Instituto Estadual de Diabetes e Endocrinologia do Rio de Janeiro (RJ); Hospital das Clínicas de Uberlândia (MG); Hospital das Clínicas de Goiânia (GO); e Hospital das Clínicas da Universidade Federal de Pernambuco (PE). Apesar de existir uma política nacional de saúde que deveria dar conta de capacitar as/os profissionais da saúde, vemos ainda mulheres lésbicas evitando o atendimento médico porque a/o profissional considera suas práticas sexuais "fora de risco" (em outras palavras, "sem risco" de contrair infecções sexualmente transmissíveis "sérias"), não as avaliando com qualidade; homens gays, bissexuais e travestis sendo tratados como grupos de risco e moralmente avaliados pela centralidade no HIV/Aids; jovens considerados não heterossexuais continuam sendo impedidos de buscar o preservativo sem o acompanhamento de um adulto (quando é direito desses jovens o acesso ao preservativo); e pessoas trans frequentemente ainda têm seus nomes desrespeitados, além de não terem avaliadas as suas questões de uso de silicone industrial pelo despreparo das/os profissionais.

Assistência Social: de modo geral, os serviços que executam a Política Nacional de Assistência Social (PNAS) não reconhecem as demandas específicas da população LGBTI, assim como é uma das políticas mais afastadas ainda dessa discussão. Por centrarem a maioria das suas práticas na família, ocorre de perpassar muitas vezes por esses serviços um conceito limitado, conservador e heteronormativo de família (nuclear), que considera como ideal ainda a monogamia e a estabilidade de um "par" heterossexual e seus filhos. Logo, às pessoas que não têm família ou que possuem arranjos familiares desconsiderados pode não restar sequer atendimento, menos ainda um atendimento que reconheça as demandas específicas. Por exemplo: travestis profissionais do sexo não são reconhecidas como população vulnerável para o acesso de nenhum benefício habitacional ou assistencial; suas expectativas de vida (que de acordo com os movimentos sociais não chega aos 35 anos no Brasil em razão da violência transfóbica e da desigualdade social que afeta grande contingente de travestis) também não são consideradas para acesso equânime a benefícios de ordem previdenciária, e assim sucessivamente.

Os serviços relacionados à Justiça e à Segurança Pública serão mais bem debatidos nos capítulos em que discutirei as principais demandas da população LGBTI para o serviço social da área sociojurídica.

Capítulo 2
O serviço social e a agenda da diversidade sexual e de gênero

O tema da diversidade sexual e de gênero e a realidade histórica da população LGBTI ingressam na formação das/os assistentes sociais no Brasil a passos lentos e, tradicionalmente, através de um cariz conservador. A partir do movimento de reconceituação da profissão, o serviço social passa por um processo de renovação que lhe incumbe a tarefa de escolher um lado da história — o lado das classes oprimidas, justamente as responsáveis pelo fazer histórico (Heller, 1977). Essa transformação contribui, em muitos aspectos, para que o serviço social volte seu olhar para as determinações concretas da vida dos sujeitos atendidos pela profissão, aparecendo, em primeiro lugar, as determinações de classe social (com a ajuda do referencial teórico marxista que passa a se tornar hegemônico na leitura epistemológica do serviço social brasileiro) e depois determinações de raça e etnia, gênero, sexualidade, ciclo vital, localização territorial etc. — acompanhando também um movimento da sociedade brasileira que entre os anos 1980 e 1990 abre espaço para os chamados "novos movimentos sociais", em torno de lutas que eram mais sobre identidade e reconhecimento e menos sobre a reivindicação da terra e a redistribuição econômica (Ferreira; Gershenson, 2013).

Enquanto profissão inserida na divisão social e técnica do trabalho, o serviço social passa a atuar, assim, com o conjunto de refrações da *questão social*, expressa por desigualdades e por resistências advindas da tensão constante entre o capital e o trabalho, isto é, decorrente da luta das classes antagônicas, da forma como conceitua Iamamoto (2008). Atua, por isso, no âmbito das relações entre os sujeitos sociais (individuais ou coletivos) e o Estado (especialmente na forma das suas políticas sociais), desenvolvendo ações constitutivas do exercício profissional que incidem na reprodução material e social da vida, na perspectiva de transformação social a favor das classes historicamente dominadas (Ferreira, 2015a). Essa profissão se vincula, assim, a um projeto societário que tem por horizonte a própria emancipação humana na perspectiva de uma nova ordem social sem nenhuma forma de dominação e opressão, luta essa materializada por meio de um projeto profissional ético-político que, ao mesmo tempo, preza pelo respeito às diferenças humanas e defende a igualdade social das pessoas. Um dos componentes desse projeto profissional e que lhe confere materialidade é o Código de Ética Profissional das/os Assistentes Sociais, que é explícito na defesa da diversidade humana e dos direitos humanos.

Esse compromisso com os direitos humanos inclui, por exemplo, defender não só o direito à diversidade sexual (quer dizer, considerar legítimas outras formas de sexualidade para além da heterossexual), mas também o direito de sua expressão tanto afetiva quanto erótica, superando a romantização dos relacionamentos afetivo-sexuais em que se pretende enquadrar muitas vezes as/os homossexuais (como se tivessem esse direito apenas do ponto de vista do amor romântico, conforme veremos no capítulo sobre adoção homossexual). Também significa dizer que a profissão defende qualquer expressão de identidade de gênero para além da cisgeneridade e procura romper com os papéis de gênero estabelecidos socialmente como "naturais", buscando retirar, assim, a mulher do papel compulsório de cuidadora, sensível e subjugada, bem como as pessoas trans do seu compromisso em assumir características de apenas um gênero e reconhecendo que suas identidades são importantes e ultrapassam algo que "se sente", passando a ser algo "que se é". Por outro lado, a eliminação de todas as formas de preconceito (incluindo os de gênero e sexualidade) é um grande paradoxo em uma sociedade com fortes raízes positivistas, na qual a heteronormatividade, o machismo, o (hetero/cis)sexismo e a lesbo-homo-bi-transfobia permanecem sendo reiteradamente materializados, desde as formas mais veladas até as mais visíveis de preconceito e discriminação, compreendidos como uma violação de direitos. O exercício ao respeito das diversidades é um desafio às sociedades que buscam avanços no processo de reconhecimento dos direitos, embasadas no respeito à dignidade humana, e ao próprio serviço social que possui na sua gênese as características de uma profissão assistencialista, conservadora, normatizadora e tutelar.

A dimensão ética e política

À primeira vista, pode parecer óbvio o motivo para que o tema da diversidade sexual e de gênero seja importante ao serviço social e para que a área se ocupe dele; isso porque é divulgada uma série de clichês sobre a atuação da/o assistente social com a população LGBTI que inclui buscar alguma relação essencial entre a área e esse tema. Apesar de verdadeiras (tal como a premissa: "o serviço social é comprometido com os direitos humanos e com a diversidade", conforme já disse acima), essas afirmativas são rasas do ponto de vista teórico se a discussão ficar somente nisso. O que quero dizer é que o serviço social não vem se ocupando desse tema, isto é, é uma opção ética e política se ocupar dele, e só está comprometida/o com ele quem está comprometida/o com as lutas sociais; mas vemos que muitas/os profissionais não estão, pois, ao contrário, exercem a profissão institucionalizadas/os e sem interesse nas demandas das/os usuárias/os.

Essa é uma provocação. Não estou de acordo que seja assim, mas é assim que é e que tem sido, durante muitos anos, em muitas organizações. O fato é que propagar a "defesa intransigente dos direitos humanos" como justificativa para se atuar no campo da diversidade sexual e de gênero não é o suficiente, pois muitas/os colegas de profissão encaram essa campanha de uma maneira vazia, sem significado. É preciso, por isso, reivindicar aquilo que particulariza e especializa a diversidade sexual e de gênero nas dimensões da atuação profissional, em termos ético-políticos, teórico-metodológicos e técnico-operativos, corporificando o debate em torno dessa temática e refletindo sobre quais relações podemos fazer entre as demandas sociais da população LGBTI e as leituras teóricas e epistemológicas que realizamos, as bandeiras que carregamos, os ativismos com os quais nos filiamos, as práticas que executamos, os direcionamentos da profissão que defendemos.

Não se trata, por outro lado, de procurar alguma contribuição fundamental do serviço social para com as pessoas de gêneros e sexualidades dissidentes que já não esteja presente no próprio cotidiano de intervenção profissional. Antes disso, é querer desvendar os pressupostos ético-políticos, teórico-metodológicos e técnico-operativos próprios da institucionalização do serviço social no campo científico e da divisão social do trabalho *em termos do gênero e da sexualidade*, considerando a natureza analítica dessas categorias, tal como propõe Joan Scott (1995) anteriormente citada. Ao mesmo tempo, seria possível responder a essa questão dizendo simplesmente que o serviço social é uma profissão comprometida com a ampliação da cidadania e do Estado de Direito, com a justiça social e com as classes historicamente dominadas, se isso fizesse verdadeiramente *sentido histórico* à categoria. Esta definição da profissão, aliás, é mais ou menos universal, ainda que possua diferenças no modo como se apreende o objeto da área — que do meu ponto de análise é a questão social, mas há quem defenda que são as relações sociais ou até mesmo as políticas sociais — e é em razão dessas diferenças de produção de significado que é preciso defender uma perspectiva do que é trabalhar com gênero e sexualidade no serviço social.

Sabemos que qualquer estudo ou intervenção na área do serviço social precisa necessariamente pretender uma transformação e uma contribuição ao social, e também, necessariamente, precisa materializar *um certo tipo de* conhecimento sobre o social e sua dimensão objetiva e concreta. A característica interventiva da profissão não impede, todavia, que o serviço social seja capaz de fazer novas perguntas (até então não feitas) ou produza novos conhecimentos (até então não produzidos), e ainda, não impede que a profissão considere a dimensão da subjetividade da realidade; o que quero chamar a atenção é para o fato de que, desde a minha análise, a grande contribuição do serviço social no quadro das profissões e das áreas do conhecimento é produzir algo que sirva ética e politicamente aos sujeitos sociais, olhando para a realidade de um ponto de vista concreto e objetivo e tendo não o sujeito como objeto, mas a questão social, preocupando-se, por isso, em entender e atuar junto aos fenômenos dados por essa sociedade. As expressões diversas da sexualidade e do gênero, assim, não são objeto da profissão, mas são objeto as refrações da questão social constituídas sobre a sexualidade e o gênero, materializadas através da violência, da subalternização, das lutas sociais, das reivindicações por direitos e representatividade, do abandono, do mando e do poderio, do preconceito, do controle etc.

Apesar disso, o serviço social ainda é distante das questões que se relacionam às experiências de sujeitos LGBTI, e o tratamento dado a essas determinações tende a ser focalizado ou nas expressões de violência ou em torno das políticas públicas, descaracterizando a dimensão da contradição e da complexidade presentes na vida cotidiana dos sujeitos através da resistência, das lutas sociais etc. Isto é, a questão social não é apenas desigualdade, muito embora ela componha uma parte significativa e cada vez mais fortalecida da vida das pessoas LGBTI no Brasil, primeiro país no mundo no *ranking* de mortes de pessoas por motivo de orientação sexual ou identidade de gênero. Ademais, caracterizar a experiência da população LGBTI como classe subalterna do ponto de vista, em primeiro lugar, da sujeição e da subordinação (quer dizer, centralizar a análise nisso ou privilegiá-la), é negar o reconhecimento dessas pessoas como sujeitos históricos (o que também faz parte de uma existência dominada), negar suas agências, suas possibilidades de fazer a história. Inverter essa lógica significa mesmo uma inversão epistemológica que o próprio serviço social tem se dedicado a fazer.

As tendências da produção do conhecimento na nossa área que venho afirmando evidenciam-se cientificamente através de pesquisa que já realizei em catálogos de textos científicos entre os anos 1990 e 2015, considerando especialmente as travestilidades (Ferreira, 2016a), extraindo informações de trabalhos de conclusão de curso, dissertações de mestrado, teses de doutorado, livros e capítulos de livros e de artigos. Entretanto, podemos ter informação similar somente analisando as teses e dissertações extraídas da Biblioteca Digital Brasileira de Teses e Dissertações, pesquisando, no âmbito das produções pós-graduadas em serviço social, pelos descritores combinados: "diversidade sexual" e "serviço social"; "LGBT" e "serviço social"; e as identidades trans (travesti, transexual e transgênero) também combinadas com a palavra "serviço social".

Tabela 1. Produção científica do serviço social sobre diversidade sexual e de gênero

Tema ou assunto principal	Tipo	Ano
Assistência à saúde / processo transexualizador / identidade trans	Tese	2006
Assistência à saúde / processo transexualizador / trajetórias de vida	Dissertação	2010
Assistência à saúde / processo transexualizador / aspectos históricos	Dissertação	2014
Assistência à saúde / processo transexualizador / corporalidades	Dissertação	2017
Travestilidades / inclusão social / religiosidade	Dissertação	2009
Travestilidades / trajetórias de vida / experiências de lutas sociais	Dissertação	2011
Travestilidades / trajetórias de vida / experiências com as prisões	Dissertação	2014
Travestilidades / mundo do trabalho / tráfico internacional	Tese	2016
Travestilidades / mundo do trabalho / inserção precária	Dissertação	2016
Diversidade sexual / política social / assistência social / direitos	Dissertação	2008
Diversidade sexual / política social / assistência social / atendimento	Dissertação	2014
Diversidade sexual / política pública / história	Dissertação	2014
Diversidade sexual / política pública / história	Tese	2016
Diversidade sexual / direitos / efetivação e luta por direitos	Dissertação	2009
Diversidade sexual / direitos / direito à adoção	Dissertação	2014
Homossexualidades / identidades sexuais / envelhecimento	Tese	2011

Fonte: informações sistematizadas pelo autor.

Vemos assim que são poucas as produções teóricas no âmbito de mestrados e doutorados em serviço social que tematizam a diversidade sexual e de gênero, e, além disso, que elas se concentram em temas específicos, de modo que a investigação em serviço social pode ser dividida entre aquelas que pesquisam a política de saúde para pessoas travestis e transexuais (4), as experiências sociais de travestis (5), a diversidade sexual em termos históricos, do atendimento ou da efetivação de direitos na interface com a política social pública (6) e uma única sobre a intersecção entre homossexualidade e velhice. A grande parte desses trabalhos, portanto, está preocupada em relacionar as demandas sociais da população LGBTI com o acesso às políticas sociais brasileiras, que é também o espaço de atuação da/o assistente social. O fato, por isso, de a intervenção possuir centralidade para a área faz com que um número expressivo de profissionais e cientistas no serviço social busque propostas interventivas para o acesso e efetivação dos direitos humanos dessas pessoas. Isso se verifica, na maioria das produções analisadas, através da qualificação das/os operadoras/es da política social. Sobre isso, vale lembrar que a profissão possui uma dimensão pedagógica na sua atuação que deve contribuir com o fim dos preconceitos (Abreu, 2004), na medida em que a atividade profissional tem a função de promover processos emancipatórios na vida cotidiana através da ação reflexiva. Essa premissa pode explicar, também, um dos motivos pelo quais o serviço social demorou a se debruçar sobre a diversidade sexual e de gênero (para além da sua raiz conservadora), já que é uma área que tende mais a aguardar a institucionalização dos fenômenos sociais (materializadas, por exemplo, em ações de governo, planos, programas e projetos que reverberem em políticas públicas) do que antecipar e acompanhar sua institucionalização (e, como sabemos, as políticas sociais para essas pessoas ainda são frágeis e bastante recentes). Além disso, é uma área que tem como característica produzir conhecimento majoritariamente para qualificar também a sua própria prática profissional. Assim, sem políticas instituídas para a população LGBTI, a profissão acabou contribuindo para a invisibilização dessas pessoas no interior da área (Ferreira, 2016a).

A dimensão teórica e metodológica

Por outro lado, a área demarcou um lugar importante na produção de conhecimento científico e nos ativismos sobre gênero e sexualidade, uma vez que sua contribuição para esse tema é, de modo geral, de ruptura, pois não dá continuidade e não reproduz certas narrativas já imperantes nas ciências sociais e humanas sobre o que é o objeto de pesquisa e que tipos de informações estão em jogo. Isso fica evidenciado quando as produções do serviço social invertem a lógica dominante e buscam responder às expressões da vida cotidiana dos sujeitos em vez de teorizar sobre como eles se percebem "de dentro para fora". Sem dúvida, outras áreas do conhecimento vêm contribuindo também para isso, mas o que concluo é que o serviço social é amparado para a atividade científica nesses termos desde os seus fundamentos, uma vez que, para a profissão, *o científico é político*. A própria substituição de "opção sexual" por "orientação sexual" e a inclusão de identidade de gênero nas campanhas do conjunto CFESS/CRESS já expressa o compromisso da profissão com os direitos das populações socialmente discriminadas em decorrência de suas expressões sexuais e de gênero e de, por isso, reiteradamente atualizar o seu debate, não esquecendo ainda que o serviço social foi uma das primeiras profissões que incluíram o campo do nome social no registro profissional das/os assistentes sociais.

Em termos teóricos e metodológicos, quero defender também que a concepção materialista-histórica e dialética (opção teórica hegemônica da profissão) tem contributos fundamentais à temática do gênero e da sexualidade, cuja aproximação pode se dar tanto pela via dos *estudos gays e lésbicos* (aqueles que surgiram junto aos guetos da década de 1980 e que possuem uma perspectiva mais identitária) quanto pela via dos *estudos queer* (cuja perspectiva já está mais para a desestabilização das identidades e que procura menos a homogeneização e a integração social de LGBTI e mais a crítica das instituições e modelos vigentes). A perspectiva marxista, para mim, expressa não apenas um compromisso teórico, mas também um compromisso político com um tipo de produção de conhecimento que deseja falar

Diversidade sexual e de gênero   55

sobre a vida concreta das pessoas, não só subjetiva como objetivamente, que tem a prática como critério da verdade e que contextualiza suas análises com aspectos estruturais e históricos para compreender o significado das experiências sociais dos sujeitos.

> [...] sendo o serviço social uma profissão eminentemente interventiva, acabou por desenvolver formas de realizar a prática pelas quais se tornou conhecida e reconhecida socialmente. Essas ações referenciavam-se teoricamente a construções que, ao serem tomadas de ciências sociais particulares (psicologia, direito, administração, sociologia), eram transformadas em técnicas e aplicadas às situações imediatas. Assim, temos para o serviço social a *"teoria dos resultados"*, cujo valor residia em fornecer respostas à intervenção profissional. Com a aproximação dos profissionais às teorias macroscópicas, especialmente de tradição marxista, as preocupações transcenderam o universo da prática profissional e firmaram-se sobre a estrutura, a conjuntura e os contextos nos quais a intervenção se realizava. Essa *alteração no eixo de análise sobre a prática profissional* foi, e continua sendo, acusada de provocar, para alguns, uma lacuna, para outros, a dicotomia, ou, ainda, uma defasagem entre as elaborações teórico-metodológicas e a intervenção profissional (Guerra, 2002, p. 23).

No contexto europeu e norte-americano, o serviço social marxista aparece "catalogado" dentro de um bojo denominado "serviço social estrutural", por implicar, em termos da prática profissional, em desejo de mudança nas estruturas sociais, tendo por horizonte a transformação do próprio modo econômico de produção. Esse serviço social estaria próximo do paradigma mais radical da profissão, cruzando uma matriz objetiva e radical oposta a outra subjetiva e de regulação social, características essas interpretativas (Amaro, 2008). No Brasil, entretanto, a palavra "estrutural" pode remeter a um serviço social estruturalista ligado a teorias como as elaboradas por Althusser, cujas análises marxistas verdadeiramente possuem uma tônica mais economicista. Entretanto, essas características de luta por emancipação social, análise das estruturas de dominação e das determinações sociais e desejo de revolução também poderiam pertencer a outro bojo, denominado serviço social crítico — que no contexto europeu seria representativo de uma prática mais reflexiva e construtivista, operando, portanto, em contribuir para a produção de consciências críticas dos sujeitos atendidos. Martinelli (1999) compactua em parte com essa categorização ao se referir a um marxismo humanitário, que entrecruza a dimensão objetiva da dimensão subjetiva como um duplo da mesma totalidade concreta. Esse marxismo estaria para um paradigma de serviço social que se opõe ao paradigma funcionalista.

Do meu ponto de vista, um serviço social crítico que procura estabelecer conexões com teorias de gênero e sexualidade precisa, em primeiro lugar, produzir uma leitura de sujeito que tenha afinidade com a concepção marxista e, ao mesmo tempo, com as teorias de gênero e sexualidade de que se pretende lançar mão. A seguir, demonstro uma proposta que, suponho, dá cabo a esse intento:

Pretendo com esse quadro demonstrar que uma perspectiva teórica marxista, ao se debruçar sobre a temática da diversidade sexual e de gênero, precisa compreender que: i) a realidade é um processo dinâmico e está sempre em movimento, bem como as identidades sexuais e de gênero não são estáveis; ii) a realidade é, ao mesmo tempo, subjetiva e objetiva e isso é o que produz os modos e as condições de vida dos sujeitos sociais, sempre em uma perspectiva interseccional em relação aos marcadores sociais (de raça, gênero, sexualidade, classe social etc.); iii) o concreto pensado é resultado da prática como critério de verdade, e é por isso que é importante ouvir as vozes subalternas, suas próprias experiências e desocultar as ideologias narradas por quem está no "centro"; iv) gênero e sexualidade são construções históricas e sociais, expressam condições reais e concretas porque são produtos da atividade humana; são instáveis porque são historicamente e socialmente produzidos, e, portanto, são construídos de forma cambiante; v) é preciso fazer a mediação necessária entre a unidade e a totalidade, o particular e o geral, o uno e o múltiplo, o sujeito e a estrutura, a vida miúda e as macropolíticas, buscando desestabilizar o que está instituído como norma e como normal (Ferreira, 2015b).

Diversidade sexual e de gênero

Tabela 2. Pensamento marxiano e teorias sobre gênero e sexualidade

	Pensamento marxiano	Pensamento sobre gênero e sexualidade
Hipótese atribuída	Sujeito unificado e coerente: é herdeiro do pensamento cartesiano e do positivismo que percebe o sujeito como uno.	Descentramento e fragmentação do sujeito: a crise da identidade unificada leva à desestabilização da noção vigente de sujeito.
Tese provisória	Na teoria marxiana, vale mais o conceito de totalidade concreta. Marx não estabeleceu o economicismo (e, portanto, a classe social como sinônimo do econômico); simplesmente não se deteve sobre outros marcadores, apesar de considerá-los. O deslocamento das identidades (raça, gênero, nação etc.) produz a percepção de contextualidade, isto é, só é possível pensá-las do ponto de vista das relações em que se inserem. Não existe hierarquização nem sobreposição de categorias, mas intersecção. A dominação de classe não é apenas econômica, mas política e social; não é possível distinguir até onde vai a dimensão econômica e a dimensão cultural.	
Hipótese atribuída	A identidade do sujeito é estável e fixa, o que produz segurança e integração no social através de um papel a se desempenhar.	A identidade do sujeito é dinâmica e pode ser utilizada de maneira temporária em cada relação que estabelece com outros sujeitos.
Tese provisória	Nenhum dos dois pensamentos compuseram um sujeito fixo, essencial e estável; por outro lado, ambos tratam a dinamicidade do sujeito tendo referências distintas. O marxismo se volta para a estrutura, acreditando que os sujeitos se produzem através do caráter dinâmico dos próprios processos sociais, através do fazer histórico que constrói o próprio sujeito da história. Tantos os estudos gays e lésbicos quanto os estudos queer se voltam mais para as relações sociais e micropolíticas, desvendando a característica dinâmica das identidades do sujeito a partir de sua experiência como sujeito inscrito objetiva e subjetivamente no social. Nesse caso, opta-se por uma noção de realidade em três níveis: estrutura, relações sociais e subjetividade.	
Hipótese atribuída	É possível estabelecer metanarrativas sobre as experiências por meio da condição de classe e de categorias gerais como "ideologia" e "trabalho".	Não é possível estabelecer metanarrativas sobre as experiências pois as relações do sujeito são contextuais e particularizadas.
Tese provisória	É verdade que o marxismo se apoia em metanarrativas por ser uma teoria geral. Apesar disso, os estudos de gênero e sexualidade também produziram generalizações mesmo que procure, o máximo possível, atentar para as particularidades de cada sujeito segundo noções sobre o território, a raça, o gênero etc., e procurar borrar as fronteiras dos binarismos. Quando se diz que o sujeito sexual "é" (ou o que ele não é), produz-se uma conclusão geral, ainda que provisória. A noção de algo fora do campo classificatório também aparece em certos discursos teóricos sobre diversidade sexual e de gênero, mas se o sujeito está sempre inscrito na cultura de determinada sociedade, como dizê-lo fora da inteligibilidade cultural?	

Fonte: informações sistematizadas pelo autor.

A dimensão técnica e operativa

O serviço social tem, ainda, contributos importantes ao tema da diversidade sexual e de gênero em termos técnicos e operativos. Essa dimensão será mais bem exemplificada no capítulo que se detém sobre os pareceres e laudos sociais na interface com o processo de retificação de registro civil de pessoas trans, mas cabe deixar aqui a pista de que se os documentos técnicos da profissão procuram responder às expressões da questão social, essas respostas sem dúvida não podem tomar o sujeito como objeto e por isso mesmo não os culpabiliza nem busca qualquer tipo de "ajustamento" do sujeito à sua realidade. Assim, no campo das requisições por direitos de LGBTI, esses documentos não devem se pautar sobre a orientação sexual e a identidade de gênero "em si mesmas", quer dizer, sem uma análise de conjuntura que localize esses marcadores no interior de um conjunto de determinações que constroem a totalidade social.

Advogar pela ideia de que o serviço social é uma profissão e uma área de conhecimento especialmente definida pelo seu caráter interventivo não é o mesmo que dizer que o serviço social se define unicamente pelo seu conjunto de instrumentos e técnicas. Ocorre que a "busca incessante do profissional pela sua identidade e especificidade" faz que ela/e recorra a "modelos interpretativos e interventivos convencionais" (Guerra, 2002, p. 168), cujas características procuram estabelecer a particularidade da profissão nos seus instrumentos e técnicas acumulados historicamente; ou, também, que a especificidade da área resida na prática profissional, essa entendida como modelo de intervenção unicamente instrumental. Esquece-se, em uma frase, do seu projeto profissional e da direção social da intervenção. O conhecimento não advém da prática, mas da reflexão sobre a prática. A prática continua sendo critério da verdade e a teoria é pensada a partir da prática, mas só porque houve um movimento de mediação da possibilidade de reflexão sobre a prática.

[...] se o produto final do trabalho do assistente social consiste em provocar alterações no cotidiano dos segmentos que o procuram, os instrumentos e técnicas a serem utilizados podem variar, porém devem estar adequados para proporcionar os resultados concretos esperados. Para tanto, as ações instrumentais — mobilização de meios para o alcance de objetivos imediatos — são não apenas suficientes como necessárias. Contudo, não pode prescindir de um conjunto de informações, conhecimentos e habilidades que o instrumentalize (Guerra, 2002, p. 157).

Os instrumentos e técnicas disponíveis ao serviço social, assim, são orientados, ainda que de uma maneira pouco explícita, por um tipo de referencial teórico e político. Esse referencial, em relação ao tema que estamos discutindo, pode seguir tanto uma perspectiva mais moralizadora, punitivista e patologizadora (que tende a culpabilizar LGBTI pelas experiências com a violência e tratar suas demandas como triviais, de menor importância e até certo ponto criminalizar moralmente ou entender como patologia seus comportamentos e modos de vida) quanto uma perspectiva que tem por horizonte a emancipação, a despatologização e a assunção da integralidade da condição humana (que valida todas as formas de expressão e de exercício da sexualidade — entre adultos e com consentimento — e do gênero, lutando, por isso, pela ampliação de direitos e de representatividade). Geralmente, a primeira tendência está presente em profissionais cuja concepção de família é limitada (preconizadora de somente um tipo de família como verdadeira, ou "familista", no sentido de responsabilizar a família por qualquer tipo de "desvio" à regra heterossexual e cissexista, defendendo a preservação da família tradicional e conservadora), orientada por preceitos de cunho religioso (quando assistentes sociais não separam o trabalho profissional da fé que carregam e essa fé entende que são erradas certas existências) ou criminalizatório (presente em certas intervenções ainda carregadas pela noção de que o serviço social deve controlar, interditar e reprimir certos comportamentos); a segunda tendência se relaciona a uma concepção ampliada de família, que não incentiva o exercício de autoritarismo na família e tampouco a rigidez nos papéis de gênero, que separa a religião da atividade profissional e entende o caráter laico do Estado, e sobretudo que não confunde direito com benesse, distinguindo aquilo que considera pessoalmente ruim e poderia ficar a cargo da profissão controlar (como, por exemplo, o modo como a família gere sua renda e isso ser argumento para a retirada de benefício) daquilo que efetivamente expressa desigualdade (como um relacionamento abusivo, uma situação de violência doméstica etc.).

É claro, por outro lado, que o cotidiano profissional tem muito mais de "cinza" do que de "preto ou branco", de modo que as concepções das/os profissionais são permeadas por contradições teóricas, éticas e políticas que inspiram práticas ao mesmo tempo conservadoras e transformadoras, conformistas e resistentes. Mas é justamente por isso que é preciso alertar para o perigo de permitir que nossas atuações se tornem burocratizadas, mecânicas e conservadoras, pois o conservadorismo é o espaço, por excelência, da incoerência e da imprecisão; isto é, o conservadorismo admite a ambivalência justamente por não possuir um argumento coerentemente fundamentado, de modo as que nossas práticas vão se tornando, com o pensamento conservador, cada vez menos caracterizadas por elementos de reivindicação e de luta. Como evidências, temos exemplos de escutas insensíveis à diversidade sexual e de gênero (que banalizam demandas sociais), visitas domiciliares de tônica controladora, relatórios técnicos que moralizam uniões entre homossexuais e laudos sociais que argumentam a transexualidade do ponto de vista patológico.

Os próximos capítulos aprofundarão algumas das principais demandas que aparecem ao serviço social na área sociojurídica brasileira em relação à orientação sexual e à identidade de gênero. Pretendo com eles trazer elementos de ordem conceitual e prática cujo desconhecimento frequentemente faz com que assistentes sociais digam: "eu não sei trabalhar com esse tema"!

Capítulo 3
Atendimento social às violências

No decorrer do meu trabalho como assistente social e como ativista, capacitando pessoas em matéria de gênero e sexualidade, pude participar de encontros com profissionais vinculados aos lugares mais diversos (escolas, unidades de saúde, estabelecimentos comerciais — como bares e restaurantes — serviços socioassistenciais, presídios, defensorias públicas, universidades, centros de atendimento socioeducativo, centros comunitários etc.). É sempre comum escutar das pessoas que elas "não foram preparadas para trabalhar com esse tema" ou ainda que "aqui essas pessoas nunca estiveram". Ao mesmo tempo que entendo a necessidade (e carência) de qualificação profissional em torno do assunto, provoco para a reflexão do quanto mantemos invisibilizada essa população ao acreditar que as pessoas LGBTI continuam não frequentando bancos escolares, serviços de saúde ou presídios. É claro que elas estão lá; mas não enxergamos, ou elas mesmas procuram passar desapercebidas para não terem de experimentar mais uma vez a discriminação e o preconceito que fazem parte de seu cotidiano.

A violência motivada por orientação sexual ou identidade de gênero exige uma escuta sensível e um atendimento qualificado e acolhedor por parte da categoria profissional. Como identificar a dimensão do gênero ou da sexualidade como motivadores da violência? Parece uma pergunta fácil de ser respondida, mas entendo que essa capacidade depende de uma compreensão efetiva das possibilidades de exercício do gênero e da sexualidade. Se atendo uma jovem que sofreu uma agressão do seu pai (portanto uma violência doméstica) porque ele não permite que ela receba a visita da namorada em casa, posso tratar isso somente como machismo se ignoro que ela é lésbica (ou se trato a sua orientação sexual como "uma fase", algo que "não é bem de verdade", "é uma brincadeira entre meninas"). O caráter lesbofóbico da violência se perde, assim, sob a noção de que "o pai tem um comportamento agressivo com a fase de experimentações da sua filha". O mesmo pode ocorrer se atendo o caso de uma travesti agredida pela polícia e penso que isso se deu unicamente devido à vulnerabilidade acarretada pelo trabalho que exerce (a prostituição), mas ignoro que o índice de travestis trabalhadoras do sexo agredidas é inversamente maior ao número de mulheres cisgênero trabalhadoras do sexo agredidas ou de homens cisgêneros trabalhadores do sexo agredidos.

É bastante comum que as violências motivadas por identidades de gênero ou sexualidades dissidentes sejam apagadas se forem da ordem simbólica e psicológica, ou relativizadas se são da ordem física. Ouvimos, por exemplo, que "ninguém é obrigado a ver dois homens se beijando na rua" — pois tomamos como referência a heterossexualidade, e dada, para nós, a sua coerência, assumimos que errado é quem se manifesta publicamente fora da heteronormatividade — ou então que "hoje em dia a televisão vem insistindo em mostrar essas coisas", porque nos acostumamos a não ver personagens LGBTI representadas na mídia e, quando aparecem (ainda que sendo uma ou outra), acreditamos que isso já é demasiado. Em outras palavras, a reafirmação da heterossexualidade em todos os lugares da sociedade é naturalizada e tida como regra, referência; enquanto as outras orientações sexuais são sempre vistas com espanto e estranheza, e por isso reiteradamente precisam ser justificadas. O mesmo ocorre com as identidades transgênero, que são "a exceção" do regramento cisgênero.

A reprodução do interesse de uma classe cisgênero/heterossexual dominante está sendo afirmada pela diretriz heteronormativa, já que um casal heterossexual não é questionado ao demonstrar afeto em via pública, na televisão ou no cinema. Olivares (1989, p. 33) confirma essa ideia ao dizer que "o capitalismo avança e suas técnicas de controle social e seus aparatos de dominação ideológica se sofisticam [...] [de modo que] cada vez mais nossa vida pessoal é menos 'pessoalmente decidida' e mais controlada", já que a família patriarcal e heteronormativa está na base da reprodução do capital e das desigualdades engendradas por ele, e por isso controlando/combatendo o que é diverso disso. É que as expressões de violência, discriminação, estigma e preconceito enquanto aspectos concernentes à desigualdade social, aparecem como essenciais para a manutenção desse padrão cissexista e heteronormativo, impedindo o impulso da humanidade a um padrão de civilização sem discriminações. Uma sociedade que já teria alcançado as possibilidades de satisfazer as necessidades de todo o conjunto societário — e aqui não me refiro somente à produção de riqueza como também da afirmação dos direitos humanos — permanece não o fazendo porque lhe interessa manter em sua base a desigualdade de classes e grupos, privilegiando quem detém o poder econômico (que não por acaso é também quem detém a norma de gênero e sexualidade, assim como de raça/etnia, do padrão estético etc.).

Para Agnes Heller (2000), os preconceitos servem para consolidar a estabilidade e a coesão, reforçando a manutenção de uma hegemonia política que oprime e explora. Algumas vezes é difícil às/aos assistentes sociais perceberem que estão operando com preconceitos, pois eles são frutos de conhecimentos adquiridos no decorrer de muitos anos, alguns passando mesmo por gerações e pela tradição. São aprendidos através de diferentes pedagogias, desde familiares até as escolares, jurídicas, religiosas e midiáticas. Por isso proponho um exercício: que possamos olhar para alguns casos concretos, enfrentados no cotidiano de intervenção profissional e relatados por profissionais com quem estive ou que foram vivenciados por mim mesmo. A intenção é que possamos nos deter verdadeiramente sobre eles e refletir sobre nossos preconceitos ocultos e inconscientes, posteriormente lendo, então, o que proponho ser uma "resposta profissional" qualificada para cada um deles.

Caso 1

Maria é uma jovem adulta e foi violentada sexualmente. O autor do crime foi o seu ex-marido. Ela não quis acessar a delegacia de polícia pois achava que não seria bem atendida, então se dirigiu ao Centro de Referência de Direitos Humanos da Defensoria Pública. Lá, enquanto narrava sua história, contou para a assistente social que o seu ex-marido dizia que o estupro era para que ela "se corrigisse", pois Maria tem uma namorada há mais de dois anos. Maria trabalha como profissional do sexo e seu ex-marido insistiu que queria contratar seus serviços sexuais, mesmo diante de repetidas recusas de Maria. Foi então que a violência sexual aconteceu.

Caso 2

João e Paulo formam um casal sorodiscordante (João tem HIV e Paulo não) e além disso possuem um relacionamento aberto. Somente João sabe da sua condição de soropositivo. Certo dia, o casal faz sexo sem preservativo e posteriormente Paulo descobre estar também com o vírus. Eles brigam e Paulo agride João. João vai até o Serviço de Assessoria Jurídica Universitária ligado à universidade onde estuda para relatar o que aconteceu e é atendido por um assistente social e um assistente jurídico. Ele quer uma medida protetiva pois se sente inseguro em voltar para casa, onde reside com Paulo.

Caso 3

Mario é um homem transexual que ingressou no processo transexualizador oferecido pela saúde pública. Na entrevista com a assistente social, essa pergunta sobre a sua família e ele explica que é casado com Carlos. A assistente social sugere que se ele é casado com homem, não tem motivo para querer "se transformar em homem" e pode "continuar vivendo como mulher". Esse caso é relatado pela residente de serviço social que já viu isso acontecer muitas vezes e, dessa vez, denuncia o caso à Promotoria de Justiça de Direitos Humanos do Ministério Público.

O primeiro caso, de Maria, sinaliza para diferentes fenômenos que se sobrepõem e que consubstanciam experiências ao mesmo tempo com o machismo, a lesbofobia e até mesmo com a moralização e a criminalização do trabalho sexual. A ideia de que mulheres lésbicas devem ser "consertadas" é o que vem sendo defendido pelo chamado "estupro corretivo", que acontece em muitas sociedades e no Brasil ainda é uma realidade que se fortalece com a nossa cultura do estupro. O fato de Maria já ter tido relacionamento com homem não invalida sua orientação homossexual ou bissexual (não sabemos, pelo texto, qual a orientação sexual da nossa personagem; mas é importante termos em mente que as pessoas podem dar vazão aos seus desejos em diferentes estágios das suas vidas, e que isso é determinado objetivamente, já que algumas pessoas não conseguem dispor de condições concretas para assumirem socialmente o que sentem, sendo levadas muitas vezes pela família a constituírem relacionamentos heterossexuais). O estupro, nesse caso, também não deve ser relativizado por ter sido cometido pelo ex-marido de Maria ou por ela ser uma trabalhadora do sexo. É bastante frequente que o senso comum culpabilize as mulheres que sofrem violência de gênero, buscando nos seus comportamentos alegadamente desviantes e/ou imorais a justificativa daquilo que sofreram e isso fica ainda mais nítido quando a mulher é trabalhadora do sexo.

Ao contrário do que um pensamento conservador pode considerar, Maria não deixou de sofrer violência de gênero por ser trabalhadora do sexo, por já ter tido relacionamentos sexuais com um homem cisgênero e heterossexual e por ser esse homem o seu ex-marido. Nada disso deve servir de argumento para a relativização da violência. Além disso, manter sexo com outros homens cisgênero e heterossexuais como atividade de trabalho não é o suficiente para afirmar que Maria continua se interessando erótica e afetivamente por homens (já que o trabalho sexual é trabalho, e, como tal, não implica necessariamente em prazer — o contrário também vale para os homens trabalhadores do sexo que fazem sexo com outros homens cisgênero[1]).

---

1. No contexto da saúde, essa realidade foi nomeada, inclusive, pela sigla "HSH" (homens que fazem sexo com homens), uma vez que as/os sanitaristas que atendem em serviços especializados

A condição de trabalhadora sexual da personagem desse caso não deve ser mote para culpabilizá-la ou criminalizá-la, pois, exercer o trabalho sexual não é crime no Brasil e o serviço social deve estar conectado com as lutas das/os trabalhadoras/es do sexo por direitos e por reconhecimento — mesmo porque se trata de uma atividade legal e reconhecida pelo Ministério do Trabalho. É preciso lembrar que moral e legislação não são necessariamente concordantes e o que deve prevalecer nos serviços é o tratamento legal garantido pelo Estado.

Há quem considere que a prostituição explora as mulheres mais do que outros tipos de trabalho — inclusive entre uma parcela de marxistas — e apesar de não me deter sobre o assunto, assumo que o trabalho sexual explora e prejudica os sujeitos tanto quanto qualquer outro trabalho exercido precariamente e que pressupõe a exploração da força de trabalho. Não há nada na "natureza" da prostituição que a particularize na divisão social do trabalho; o que há são condições concretas e objetivas particulares de ser prostituta no Brasil, pois grande parte do contingente dessas trabalhadoras vive em situação de extrema vulnerabilidade social, precariedade e desigualdade e por isso tem menos poder de escolha e de decisão, ficando mais exposta à violência e ao poderio. É claro que o componente do gênero também aprofunda a vulnerabilidade de mulheres trabalhadoras do sexo em relação aos seus correlatos masculinos, mas novamente se trata de condições concretas de exercício do trabalho e de como o gênero deve servir de análise e explicação das condições de desigualdade no mundo do trabalho em uma perspectiva global, e não apenas do mundo do trabalho sexual.

As/os assistentes sociais precisam, assim, unir esforços para que sejam produzidas melhores condições de trabalho à essa população, pressionando

---

de prevenção do HIV/aids estavam encontrando dificuldades em identificar quais homens tinham práticas sexuais com outros homens através da pergunta sobre a orientação sexual do sujeito. Descobriram, então, que muitos homens não se consideram homossexuais ou bissexuais apesar de terem sexo com outros homens, pois ou não sentem desejo afetivo por outros homens (apenas erótico) ou tratam essas práticas como trabalho e não como fonte de prazer, ou simplesmente porque não se autoidentificam como homo ou bissexuais, desvinculando prática de identidade, o que é absolutamente possível e comum.

Diversidade sexual e de gênero

os diferentes níveis de governo para a criação de políticas públicas e afirmação dos direitos humanos dessas pessoas, na forma, entre outras coisas, da regulamentação do trabalho sexual como profissão (que é reconhecida como ocupação, mas não é regulamentada). Em relação a esse caso em específico, é necessário dar apoio total à Maria, inclusive orientando-a à abertura de Boletim de Ocorrência em que conste a tipificação do caráter lesbofóbico do crime, já que toda a motivação teve como base a noção de que a sua sexualidade deveria ser "reajustada".

Outras ações dependeriam então do serviço a que se vincula a/o profissional, tendo em consideração que as denúncias dessa natureza, quando transmitidas pela própria vítima, chegam em maior número nos órgãos públicos judiciais de *defesa* dos direitos humanos, tais como o Ministério Público (especialmente as Promotorias de Justiça de Direitos Humanos), as Defensorias Públicas e as entidades de defesa de direitos humanos incumbidas de prestar proteção jurídico-social. A título de exemplo, tomemos o caso de Porto Alegre, Rio Grande do Sul, em relação às instituições dessa natureza em que assistentes sociais podem se vincular: além da Promotoria de Justiça de Defesa dos Direitos Humanos, existe o Centro de Referência em Direitos Humanos da Defensoria Pública; o Centro de Referência às Vítimas de Violência ligado à Secretaria de Direitos Humanos de Porto Alegre; e serviços universitários, tais como o Grupo de Direitos Sexuais e de Gênero do Serviço de Assessoria Jurídica Universitária da Universidade Federal do Rio Grande do Sul — todos capazes de atender demandas que tematizam a diversidade sexual e de gênero.

A situação de Paulo e João também é complexa e envolve refletir sobre múltiplas questões. Um pensamento mais imediato, e, portanto, vinculado à cotidianidade e à particularidade, responsabilizaria João pela agressão sofrida já que ele não compartilhou com Paulo, seu companheiro, a sua condição de pessoa vivendo com HIV. Por outro lado, a tradição crítica que estuda o tema do HIV/Aids vem argumentando que a revelação sobre ser soropositivo é uma escolha da pessoa, já que essa condição é questão de foro íntimo de cada sujeito, e ambos, nesse caso, escolheram correr o risco quando decidiram não utilizar o preservativo (é claro, quando todas as pessoas relacionadas ao caso decidem isso de pleno acordo, não envolvendo coerção ou imposição de nenhum lado). Tanto João quanto Paulo decidiram não utilizar o preservativo e ambos tinham condições, por isso, de fazer uma certa "gestão" do risco que pretendiam correr, ainda que esse risco fosse fundado em confiança. Por exemplo: João sabia da sua condição, mas não sabia se Paulo também não era soropositivo; ambos estariam, se fosse isso verdadeiro, correndo o risco de retransmissão do vírus (o que é um problema em termos de saúde pública, uma vez que as reinfecções podem se dar com cepas resistentes aos antirretrovirais tomados pelo paciente, levando à ineficácia do tratamento, que é disponibilizado na rede pública para a contenção da epidemia e a mitigação de seus danos). A noção de que as pessoas que vivem com HIV estão expondo outras pessoas por não dizerem que são soropositivas faz parte de uma corrente contemporânea que procura criminalizar e punir essas pessoas; mas isso é diferente da situação em que uma pessoa com HIV deliberadamente coage ou constrange outra pessoa a não usar preservativo sem a sua vontade, ou pior, adultera o preservativo para que haja sexo desprotegido.

O fato de o casal possuir um relacionamento aberto é outro ponto da história que escolho incluir propositalmente, mesmo não havendo relação com o desfecho do caso. É que tradicionalmente relaciona-se as identidades de homens cisgênero homossexuais com a promiscuidade, algo presente desde o surgimento do HIV/Aids como "peste gay" (inicialmente os gays eram considerados "grupos de risco", passando depois a serem pessoas com "comportamento de risco" até chegarmos ao conceito atual de vulnerabilidade[2]). Então, para uma pessoa de perspectiva mais conservadora, seria possível considerar que o problema todo girava em torno da "promiscuidade" do casal,

---

2. Quando se percebe a vulnerabilidade como resultado de diferentes dimensões da vida das pessoas que podem ser afetadas em decorrência de outras determinantes, significa dizer que a exposição ao HIV/Aids, por exemplo, não é gerada somente pela vontade individual de alguém e suas escolhas frente à algumas possibilidades. Os estudos contemporâneos que explicam o termo "vulnerabilidade" em um sentido mais amplo, levam em consideração a fragilização jurídica

Diversidade sexual e de gênero

que, além de ter um relacionamento aberto, faz sexo sem preservativo. É interessante, por outro lado, que um casal heterossexual não passa, da mesma maneira e com a mesma moralização, por esse tipo de questionamento ou de julgamento moral quando opta em abrir um relacionamento, e mesmo a opção por não usar o preservativo é totalmente acolhida pela sociedade (é inclusive estimulada quando o casal deseja ter filhos, nunca passando pelo crivo moral de responderem sobre a existência de infecções sexualmente transmissíveis — ISTs[3]). Vemos, então, que há uma combinação de noções sobre exposição ao risco, criminalização e estigma que estruturalmente não afeta, da mesma forma, as pessoas heterossexuais.

Entendo que o trabalho da/o assistente social não deve ser interessado nas combinações do casal sobre uso ou desuso do preservativo (quando, evidentemente, essa não é uma questão que passa por falta de informação e requisita da/o profissional uma intervenção educativa), nem mesmo deve haver algum julgamento moral sobre pactos de confiança. Se o sujeito atendido tem acesso às informações e decide utilizá-las conscientemente, não é papel da profissão ajuizar ou moralizar essas escolhas; é papel orientá-lo para os direitos que possui e para o acesso à rede de serviços que pode oferecer suporte às suas necessidades sociais. Além disso, não cabe à profissão tomar decisões jurídicas de criminalização da transmissão, uma vez que esse papel

---

e política de grupos ou indivíduos. Para esses autores, a vulnerabilidade nunca é uma identidade do sujeito, pois as pessoas não são vulneráveis, elas estão vulneráveis a algo e em algum grau e forma (Ayres et al., 2003). Dessa maneira, se pode afirmar que a vulnerabilidade em sua análise envolve a avaliação de três dimensões, componentes ou eixos fundamentais: uma dimensão individual e cognitiva, uma dimensão social e cultural e uma dimensão programática e política (Ayres et al., 2003).

3. Evidentemente existe uma distinção no tratamento que o conjunto societário oferece a um casal heterossexual monogâmico e outro que possui arranjos diferenciados, como o poliamoroso. Nesse sentido, é fato que se reconhece promiscuidade em relações heterossexuais que assumidamente saiam do padrão monogâmico, mas não na mesma proporção com que isso é feito em relação aos casais homossexuais, cuja promiscuidade aparece quase como "natural". Além disso, há senso comum que legitima a promiscuidade masculina cisgênero (hetero ou homossexual), muitas vezes justificada por uma noção de "natureza sexual dos homens", em oposição a uma suposta "natureza feminina" monogâmica.

caberia ao Judiciário e suas instâncias competentes. No caso específico de João e Paulo, é importante sabermos ainda que a Lei Maria da Penha (Lei n. 11.340/06) já foi aplicada em ações envolvendo casais gays (já que é desejo de João a medida protetiva), mas isso requer um acolhimento qualificado das profissões envolvidas que busquem as informações necessárias na jurisprudência já existente.

O terceiro e último caso se difere dos dois primeiros por ser uma denúncia de atendimento transfóbico por parte da assistente social que atende a demanda de Mario. É comum que as pessoas, no processo social, confundam ou sobreponham identidade sexual e identidade de gênero, amparadas ainda pela noção de harmonia normativa em torno de uma pretensa coerência entre sexo, gênero e desejo (isto é, o sujeito que nasce com um pênis invariavelmente se reconhecerá como homem e desejará mulheres). O nascimento de uma pessoa é o momento em que acontece essa primeira operação performativa do gênero de um sujeito, que busca delimitar e regulamentar o corpo a partir desse pressuposto da heterossexualidade e da cisgeneridade, fazendo com que as subversões dessa "harmonia" heteronormativa estejam no âmbito da anormalidade e do ininteligível. Se Mario nasceu "para ser mulher", como pode ele desejar ser homem para continuar desejando outros homens? Não parece coerente para a assistente social da situação narrada que Mário passe por diferentes processos de modificação social, corporal e hormonal já que pode viver como mulher cisgênero heterossexual.

A questão é que a identidade sexual e a identidade de gênero de Mario não dizem respeito ao mesmo âmbito do seu ser. A necessidade de Mario de pertencer ao gênero masculino[4] requer, assim, que ele seja reconhecido

---

4. Apesar de na história tratarmos isso como uma necessidade de Mario, cabe explicar que é em primeiro lugar uma obrigatoriedade advinda da sociedade, que produz essa necessidade nos sujeitos. Entretanto, nem todas as pessoas vão estabelecer que ter uma identidade de gênero no interior da matriz binária é uma necessidade; algumas pessoas, assim, vão se identificar como não binárias em termos de gênero, desejando pouco a pouco na nossa história recente o reconhecimento social e jurídico também para esta possibilidade — a de não pertencer a um gênero masculino ou feminino.

Diversidade sexual e de gênero

social e juridicamente como homem. Esse pertencimento ao gênero masculino não implica necessariamente que Mario seja heterossexual e deseje mulheres, pois sua orientação sexual, nesse caso, é a de um homem gay — que deseja outros homens — o que reforça o argumento anterior de que gênero e sexualidade não podem ser pensados de forma dissociada. A ocorrência da profissional que, na história, não compreende essas diferenças e impõe sobre o usuário um tipo de orientação sexual determinada, é levada à uma instância de defesa de direitos humanos, mas também poderia ser denunciada ao Conselho Regional de Serviço Social competente. Apesar da aparência inacreditável do atendimento social oferecido pela assistente social, é bastante frequente que as equipes multidisciplinares que atuam junto ao processo transexualizador do SUS procurem enquadrar as pessoas transexuais em estereótipos de gênero e sexualidade, obrigando-as a terem voz, comportamento e vestimentas concordantes com o gênero que desejam ser reconhecidas (se mulheres trans, precisam ser muito femininas, vaidosas e discretas, além de heterossexuais, evidentemente; e se homens trans, precisam ser másculos e também heterossexuais).

É preciso que a nossa profissão supere os preconceitos e os desconhecimentos relacionados à população LGBTI, deixando de ter a heterossexualidade como padrão natural de orientação sexual e a noção binária do gênero como única possibilidade, o que muitas vezes leva a/o profissional a ter uma concepção moralizadora de família, de exercício da sexualidade e de identidade de gênero numa perspectiva patológica e biologicista. Um dos desafios da profissão é justamente romper com práticas conservadoras — que tanto nos assombram pelo fato de o serviço social ter surgido como uma certa especialização das iniciativas caritárias da época — e para isso é necessário não somente exercer a democracia e se comprometer com a cidadania, mas fazê-los sem preconceitos ou discriminações de qualquer natureza, viabilizando as conquistas legais (Froemming, 2007).

Daí que surge, também, a necessidade de perceber a diversidade sexual e de gênero nos termos da sua i) *historicidade*, tanto de um ponto de vista social quanto dos aparatos legais, científicos, morais e médicos que historicamente recaem sobre a sexualidade e o gênero, entendendo-os como processo e como construção social; ii) *contradição*, pois sexualidade e gênero se inter-relacionam contraditoriamente em uma sociedade capitalista madura como a nossa, onde são reiteradamente tematizados pelas estruturas dominantes para cooptação dos sujeitos sociais; iii) e *totalidade*, pois sexualidade e gênero fazem parte do todo do ser social, sendo construídos pelo sujeito histórico a partir da articulação de determinações sociais, psíquicas, biológicas e culturais que fazem parte da existência de todas as pessoas (Froemming, 2008).

Pensar o atendimento das situações de violência motivadas pela orientação sexual ou identidade de gênero deve implicar, portanto, no apoio da profissão à equidade dos grupos socialmente discriminados que experimentam processos de desigualdade social particularizados a partir dos recortes de gênero e sexualidade. Quando reconhecemos a discriminação socialmente determinada por gênero e sexualidade, passamos a realizar um atendimento social verdadeiramente acolhedor, que não estabelece hierarquias entre as demandas nem trata esta ou aquela como superficial ou trivial. O trabalho da/o assistente social deve estar sempre conectado com os debates realizados pelos movimentos sociais, que constantemente se atualizam e convocam novas questões à profissão. Apesar disso, cabe aqui uma questão importante para a nossa categoria: como nos colocamos frente às principais bandeiras políticas dos movimentos sociais LGBTI, como: i) a criminalização da lesbo-homo-bi-transfobia; ii) o reconhecimento do nome social; iii) o casamento entre pessoas do mesmo sexo/gênero e a possibilidade de adoção; iv) o processo transexualizador; v) e a crítica ao poderio médico sobre as cirurgias genitais realizadas com pessoas que nascem com a condição de intersexualidade[5].

Elejo essas como as principais bandeiras porque são aquelas mais visibilizadas pelos movimentos sociais e sobre as quais as/os ativistas colocam mais energia. Por outro lado, entendo que essas bandeiras estão bastante

---

5. Relaciono essas bandeiras políticas com as temáticas de cada capítulo deste livro. Neste, que trata mais sobre o atendimento às violências, falo sobre a criminalização da

Diversidade sexual e de gênero 73

vinculadas a um tipo específico de compreensão sobre quais políticas públicas deveríamos procurar criar e executar, isto é, se estamos filiadas/os a teorias de característica mais identitária (e que por isso leva em consideração direitos de identidade, como o casamento, a adoção, a tipificação da lesbo-homo-bi-transfobia etc.) ou pós-identitária (entendendo, por isso, que as políticas públicas deveriam levar em conta noções mais processuais e dinâmicas da identidade, buscando, por exemplo, a retirada da informação sobre sexo nos documentos de identificação nacional, o estabelecimento de espaços, serviços, programas e projetos "sem gênero" ou onde o gênero fosse "neutro" etc.[6]).

Do ponto de vista da política identitária, considera-se que as políticas sociais só podem funcionar a partir da identificação dos sujeitos, em que pese a assunção identitária, para as/os defensoras/es dessa perspectiva, é importante para a visibilidade e o reconhecimento político. Se passamos dos "guetos" da década de 1970 e 1980 para o padrão contemporâneo de reconhecimento de direitos, isso se deveria à luta de movimentos sociais em torno da afirmação identitária dos sujeitos LGBTI, que assumiram uma posição partidária sobre quem eram e que necessidades possuíam. Já do ponto de vista de uma política pós-identitária, os movimentos sociais que se institucionalizaram a partir da onda dos chamados "novos movimentos sociais" na década de 1980 não teriam superado a noção do "gueto", o que pode levar à caracterização de identidades fixas, essencializadas, unificadas e conservadas. Em outras palavras: o sujeito pode dizer que *é* gay? Em que

---

lesbo-homo-bi-transfobia; no próximo, sobre a retificação do registro civil, abordarei também o que é o nome social; em seguida tratarei do casamento em relação ao tema da adoção. O processo transexualizador e a mutilação de pessoas intersexo são demandas que aparecem mais na área da saúde, porquanto não me atentarei sobre esses assuntos em nenhum capítulo específico, embora sinalize a importância de conhecermos o que está sendo produzido sobre esses debates.

6. Essa segunda corrente que denominei de "pós-identitária" deriva das teorias queer e da noção de performatividade dos gêneros. É importante salientar isso para ajudar a percebermos como a produção teórica está radicalmente colada aos movimentos sociais e políticos, o que é uma característica histórica dos estudos e movimentos de gênero e sexualidade no Brasil e em outras partes do mundo.

medida o seu desejo não deveria ser processualmente posto à reflexão na dinamicidade da realidade? Aqui reside também a crítica a uma certa "assimilação" dos movimentos identitários para a conquista de direitos e de políticas públicas, como, por exemplo, em relação ao direito ao casamento e à adoção serem reivindicações que reiterariam a heteronormatividade, pois são direitos assimilacionistas (ou seja, perder-se-ia criticidade e radicalidade em detrimento dessas conquistas), o que deveria ser combatido com estratégias políticas que se mantêm à margem, sem querer acessar o centro.

Apesar de estabelecer essa oposição entre identitarismo e pós-identitarismo, entendo que a vida real é muito mais complicada que isso e que nossas compreensões sobre a sexualidade e o gênero se sobrepõem, se contradizem e bebem de fontes teóricas e políticas divergentes. Concordo, por isso, que é importante termos em mente que a identidade não é algo fixo, mas acompanha a processualidade do real; ao mesmo tempo, não podemos banalizar demasiadamente essa fluidez, sob pena de perdermos o significado do que significa histórica e politicamente ser LGBTI e como isso possui sentido no social para perda ou violação de direitos, reconhecendo, assim, que categorias de representação política não correspondem necessariamente às produções identitárias dos sujeitos.

Ainda podemos pensar em processos de conservação ou de transformação radical contidas ao mesmo tempo nas defesas identitárias e naquelas pós-identitárias, pois a disputa em torno desses conceitos é permanente e os ativismos estão frequentemente problematizando suas inserções políticas. Apesar disso, o que temos consolidado na agenda brasileira são bandeiras mais identitárias (muito por conta da trajetória já perseguida), de modo que é sobre elas que pretendo me deter e que considero serem importantes para a categoria profissional, pois não acredito que as identidades sexuais e de gênero deixarão de existir tão cedo como categorias de análise da realidade. Mesmo assim, é importante atentarmos para o fato de que a cristalização dessas categorias de representação política pode provocar a invisibilização de categorias identitárias. Precisamos, por isso, observar sempre a dinâmica de produção de diferenças que podem acarretar em violações por não reconhecimento e/ou ininteligibilidade de novas especificidades, por não corresponderem às categorias que se reconhece até então como existentes e legítimas.

Sobre acreditar que a criminalização e a penalização de determinadas condutas e modos de vida sejam a resolução mais adequada para manter a ordem social segura, este não é um pensamento apenas do movimento LGBTI e nem é da contemporaneidade. O interesse dos movimentos sociais de gênero e sexualidade em tipificar o crime lesbo-homo-bi-transfobia baseia-se especialmente na ideia de prevenção desse crime, ou seja, as/ os defensoras/es da punição aos crimes motivados por orientação sexual ou identidade de gênero concordam que isso acarretaria que: "(i) outros homofóbicos não praticassem mais a violência contra LGBTI (prevenção geral) e (ii) o homofóbico punido, ao 'aprender a lição', não violentaria mais em decorrência de sua homofobia (prevenção especial)" (Ferreira; Jardim; Rosário, 2013, p. 636). No entanto, acreditar na resolução de um problema da ordem da cultura através da penalização de uma conduta considerada desviante é no mínimo ingênuo, e preciso por isso complexificar a questão. É claro que minha intenção nesse caso não é negar ou invisibilizar as violências a que estão sujeitas as pessoas LGBTI, especialmente vulneráveis que são por se colocarem fora da normativa sexual e de gênero. Por outro lado, estou cada vez mais convencido de que a prisão, como instrumento de resolução dos conflitos sociais, é verdadeiramente uma falácia. É sobre essa dimensão da criminalização, portanto, que me coloco contra: a dimensão da privação da liberdade.

A regra de qualquer aprisionamento (ao menos no cenário brasileiro) é a de que ele seja uma experiência muito dolorida, que contenha muito de violação de direitos e nada de ressocialização. Mas normalmente o que ouvimos dos discursos comuns não toma como base essas experiências, já muito documentadas em textos, filmes e séries, afinal de contas, é como se o que está na prisão não fizesse parte do restante da sociedade: é "lixo" humano. É como aquilo que não presta e que colocamos dentro de uma sacola, e que na maioria das vezes não vamos saber o que foi feito. Se levarmos em consideração ainda o que as/os teóricas/os têm chamado de *seletividade penal*, quer dizer, o processo pelo qual a prisão captura essas vidas e que leva em consideração marcadores sociais como classe social, raça/etnia, gênero etc., é provável que somente uma parcela das pessoas que age com lesbo-homo-bi-transfobia seja punida com prisão, permanecendo impunes aquelas/es que pertencem às classes dominantes da nossa sociedade. Zaffaroni e Batista (2003) confirmam essa questão ao explicarem que determinados grupos sociais estão mais sujeitos que outros à imagem da delinquência e à possibilidade de serem considerados não somente mais "perigosos" como mais suscetíveis à punição, segundo esses mesmos marcadores.

Mas se essas pessoas são tratadas por nós como "lixo", achamos válido também que essas vidas passem por situações de agravos à saúde em decorrência da insalubridade, por desinformações quanto a direitos, por precárias condições de sobrevivência, por violência física, psicológica e institucional. Ora, e não é assim que tem que ser? Então não somos bombardeadas/os por mensagens nas redes sociais que comparam a alimentação de uma pessoa presa à da/o estudante de escola pública, mensagens que se indignam com o valor do auxílio reclusão, que se horrorizam com o "pessoal dos direitos humanos" que vem defender direito de presa/o? Afinal, não estamos justamente selecionando quem presta e quem não presta de uma maneira muito simples, maniqueísta e "justa", alimentando a população prisional brasileira que é a terceira maior no mundo inteiro?

Parte do movimento LGBTI passa a agir, assim, exatamente como aquelas/es que são objetos de sua crítica, pois não só institui um discurso maniqueísta e simplista relacionado ao comportamento das pessoas (às vezes demonstrando até a crença de que esses comportamentos são reflexos de caráter ou de pretensa essência), como não atentam para a lesbo-homo-bi--transfobia como fenômeno social e construído culturalmente, deixando de problematizar onde esse fenômeno se situa, como ele pode ser eliminado e que relações se estabelecem para que seja produzido. Em uma perspectiva de direitos humanos, é impossível que a nossa categoria procure afirmar direitos para uma parcela da população às custas de admitir violações para

Diversidade sexual e de gênero

outra parcela. O que não significa, por outro lado, que não possamos lutar pelo reconhecimento da lesbo-homo-bi-transfobia como um tipo de crime no intuito de produzir dados estatísticos e, consequentemente, de levantamentos situacionais que consubstanciem políticas públicas para esse segmento populacional (como já ocorre com as leis que criminalizam o racismo e a violência de gênero). Se somos contra a penalização na forma da privação da liberdade, devemos estar a favor da educação em direitos humanos e da educação em gênero e sexualidade, além de lutar por formas alternativas de responsabilização e afirmando a necessidade de que existam dados públicos sobre violência contra LGBTI (inclusive que os boletins de ocorrência tipifiquem essa violência) e políticas públicas para esse segmento populacional.

Capítulo 4
Retificação do registro civil

Já em relação ao reconhecimento do nome social, segunda bandeira que elegi como principal dos movimentos LGBTI, trata-se do nome verdadeiro da pessoa trans (uma vez que ela o escolheu em função de sua identidade de gênero), que busca que ele conste no seu documento de registro civil através de uma retificação judicial. Falamos nome "social" porque não é, *a priori*, o nome de registro da pessoa, mas é o nome com que ela deseja ser tratada em sociedade, ainda que não condiga com o nome com que foi registrada; pelo fato de a retificação do registro civil ser algo bastante dificultoso em muitos cenários brasileiros, muitas pessoas transexuais e travestis podem permanecer a vida toda sem o direito de trocar judicialmente o nome, mas nem por isso devem ser impedidas de serem tratadas pelo nome que se reconhecem e, em grande medida, já são reconhecidas em suas redes de relações pessoais. Alguns lugares do Brasil, como o Rio Grande do Sul, estabeleceram, diante desse cenário, um dispositivo alternativo à retificação do registro civil, como é o caso da Carteira de Nome Social, documento instituído com o Decreto n. 48.118/12, que dispõe sobre o tratamento nominal, inclusão e uso do nome social de travestis e transexuais nos registros estaduais relativos a serviços públicos prestados no âmbito do Poder Executivo Estadual do Rio Grande do Sul.

> Por muito tempo, a militância dos movimentos organizados de travestis e transexuais, [...] priorizou como pauta adoção do nome social, que consiste em tratar a pessoa pelo nome com o qual ela se identifica, independentemente do nome que consta em sua documentação, baseada no gênero atribuído na ocasião do nascimento. Por outro lado, aos poucos vem crescendo a quantidade de transexuais e algumas travestis que têm obtido a retificação do registro civil por meio de processos judiciais (Lentz, 2013, p. 1).

No Brasil, o processo de retificação do registro civil para pessoas transexuais e travestis — a troca do nome e da identificação do sexo no Registro Geral (RG) — não é homogêneo e nem tem uma base legislativa, possuindo diferenças de acordo com cada uma das regiões brasileiras e também com cada processo já deferido que compõe a jurisprudência sobre esse tema, apesar de algumas instituições (de ensino e de saúde, por exemplo) já terem adotado internamente normativas que reconhecem o nome social no âmbito dessas instituições. Os processos de retificação do registro civil podem demorar anos ou meses, a depender da/o juíza/juiz competente e da sua sensibilidade sobre a temática, da jurisprudência já existente naquele Estado e se existem movimentos ativistas pressionando o debate no Poder Judiciário. É, logo, um processo geralmente imprevisível e levado em termos não apenas objetivos como, principalmente, subjetivos, por pessoas que podem ou não dar crédito ao assunto, tratando da questão através de construções morais e culturais próprias.

Esse cenário se deve à inexistência de uma Lei de Identidade de Gênero no território brasileiro — há poucos países que contam com algum tipo de ordenamento jurídico como esse (entre eles, Malta, Argentina, Índia, Portugal, Dinamarca, Irlanda, Suécia e México) e cada um desses países possui legislação diferente, podendo tender mais ou menos para uma visão patologizante da transexualidade, o que leva, por isso, mais ou menos em consideração a ideia da autodeterminação de gênero. Além disso, o fato de não possuirmos uma lei nacional implica que haja decisões bastante distintas na nossa jurisprudência. As pessoas transexuais e travestis, por isso, acabam acessando o Poder Judiciário na intenção de retificarem o nome e sexo com expectativas diferentes, pois nem os movimentos sociais podem afirmar com absoluta certeza o que será requisitado em cada processo.

Apesar das diferenças, é possível afirmar certas tendências para o caso brasileiro: na maior parte das vezes, esse processo requer um compêndio de documentos técnicos (sobretudo das áreas da psiquiatria e psicologia, mas também de outras profissões da saúde como a fonoaudiologia e a endocrinologia) que "diagnostiquem" a transexualidade e a necessidade da troca de nome e do sexo no documento de identidade. O serviço social vem, mais recentemente, sendo chamado a compor essas equipes de profissionais que atestem a transexualidade na forma de um documento técnico (ora como um argumento técnico adicional, mas algumas vezes também como substitutivo ao laudo psicológico) e é sobre esse fenômeno e as possibilidades de elaboração de um documento social não patologizante que esse capítulo se debruçará, tendo como base a experiência de trabalho em uma assessoria jurídica popular, o G8 — Generalizando: Grupo de Direitos Sexuais e de Gênero do Serviço de Assessoria Jurídica Universitária (SAJU) da Universidade Federal do Rio Grande do Sul (UFRGS).

O nome civil é a primeira identificação dos sujeitos como "pessoa" — não apenas como pessoa jurídica, mas também do ponto de vista social, já que se relaciona com a ideia de individualidade, exercendo importância na subjetividade e na autoidentificação dos sujeitos. O registro civil, que institui não somente o nome de uma pessoa como também o seu sexo em termos jurídicos, é um instrumento de organização social que legitima nossa identidade; sem o registro civil, não somos reconhecidos pelo Estado, e o acesso à justiça e aos direitos sociais tende a ser negado ou, ao menos, dificultado. Por isso, é uma prática social da nossa tradição que as crianças nasçam e logo sejam registradas em cartório, recebendo em seguida uma certidão de nascimento. A partir de então, podem reivindicar uma carteira de identidade, que será o principal documento de identificação daquela pessoa frente às instituições e aos demais sujeitos. No entanto, o nome, assim como o gênero de uma pessoa, é dado de maneira compulsória, isto é, a partir da crença de outros sujeitos de que aquela pessoa se identificará com aquele nome e aquele gênero dado.

Essa nomeação, como já vimos também, é feita arbitrariamente levando em conta o gênero como uma possibilidade binária — masculina *ou* feminina. A verdade sobre o gênero (no caso, uma verdade ontológica do sujeito), não pode ser enunciada pelo próprio sujeito; ela necessita ser reconhecida por outro (que dispõe de competência técnica, como o médico que anuncia: "é um menino") que dirá a verdade sobre aquilo que se tornará a verdade para o sujeito: um juízo médico ou jurídico constitui, por isso, a verdade do gênero, pois essas são as instituições de poder legítimas na ordem social para enunciar a sexualidade e o gênero do sujeito. O examinando, agora sujeitado e não mais sujeito, deve "despir-se" e esperar o *expert* dizer se está adequado à matriz de gênero preestabelecida, patologizando aqueles modos de produção do gênero "que não estejam de acordo com as normas vigentes (ou que não estejam de acordo com uma certa fantasia dominante do que as normas vigentes realmente são)" (Butler, 2009, p. 97). Como aponta Preciado:

> La primera fragmentación del cuerpo o asignación del sexo se lleva a cabo mediante un proceso que llamaré, siguiendo a Judith Butler, invocación performativa. Ninguno de nosotros ha escapado de esta interpelación. Antes del nacimiento, gracias a la ecografia — una tecnología célebre por ser descriptiva, pero que no es sino prescriptiva — o en el momento mismo del nascimiento, se nos ha asignado un sexo femenino o masculino. [...] Todos hemos pasado por esta primera mesa de operaciones performativa: "¡es una niña!" o "¡es un niño!". El nombre propio, y su carácter de moneda de cambio, harán efectiva la reiteración constante de esta interpelación performativa (Preciado, 2002, p. 104-105).

No entanto, "se os atributos de gênero são performativos e não uma identidade preexistente, a postulação de um 'verdadeiro sexo' [...] ou de uma 'verdade sobre o gênero' revela antes uma ficção reguladora" (Arán;

Peixoto Jr., 2007, p. 34). Essa ficção reguladora, judicializada pelo direito ao considerar a informação biológica chamada "sexo" enquanto estado civil, é o que determinará a negação do direito de pessoas trans terem imediatamente um nome que condiga com a sua identidade, pois há uma "verdade biológica" que, para a justiça, é maior que a autodeterminação da pessoa. Apesar disso, sabemos que o art. 5º da Constituição Federal (Brasil, 1988) estabelece que todas as pessoas são iguais perante a lei, o que inclui todas as pessoas que não se enquadram no estabelecido como natural em termos de identidade de gênero, tendo, portanto, consideradas suas identidades como dissidentes. É essa premissa constitucional o principal aporte para que as pessoas trans possam ingressar com o chamado "processo de retificação de registro civil".

A população trans (formada por mulheres e homens transexuais e também por travestis) recorre, assim, à retificação de registro civil no intuito de conquistar o reconhecimento legal das suas identidades de gênero, tendo por perspectiva que ela tem direito à liberdade de determinar e atribuir um gênero. Esse processo de retificação de registro civil se dá, sobretudo, através de uma petição judicial e de um conjunto de outros documentos que pode variar de região a região, a depender do entendimento de cada poder judiciário estadual. Não há regramento específico quanto à tramitação dos processos de retificação de registro civil para as travestis e as/os transexuais, e é por isso que, apesar de haver diferentes jurisprudências, cada judiciário requisitará as "provas" que lhe convierem. Frequentemente, por outro lado, o que se determina em processos desse teor é a necessidade de laudos ou pareceres técnicos produzidos por profissionais que afirmem a transgeneridade como um "problema" cuja solução é a retificação do nome e do sexo/gênero (isto é, sob o argumento de que a pessoa possui um "sofrimento" oriundo de uma patologia e que ele deve ser tratado pela medicina — do ponto de vista da cirurgia genital, da endocrinologia e da psiquiatria — e pelo direito — do ponto de vista da retificação do registro civil).

Essa necessidade está apoiada na fragilidade teórica e política do direito brasileiro, que apesar de não saber lidar com o reconhecimento legal das identidades de gênero transexuais e travestis, se apoia e busca fundamentos unicamente no conhecimento biomédico, invocando discursos científicos de teor biológico e psiquiátrico. Existe, por isso, no discurso jurídico, duas possibilidades disso acontecer: i) a primeira, a partir do entendimento de que o sexo é, em si mesmo, a sua dimensão biológica, anatômica e genética, desconsiderando a dimensão histórico-social do sexo e do gênero para restringir ou negar a possibilidade de alteração do registro civil quando não há a realização (ou a previsão de realização) da cirurgia de transgenitalização, mesmo diante da realidade objetiva de que nem todas as pessoas trans têm demanda pela transgenitalização (e nem por isso deixam de ser trans); (ii) e a segunda, pelo entendimento que relativiza o discurso biológico do sexo, mas somente a partir da anuência do discurso psiquiátrico, ou seja, através da patologização da pessoa trans e da reiteração da ideia dicotômica de gênero.

A pessoa que julga, assim, pode até mesmo desconsiderar o uso de tecnologias que intervêm sobre o corpo modificando-o, sob o argumento de que mesmo que as pessoas transformem o corpo, isso não lhes garante a "funcionalidade" dos órgãos sexuais "originais" e que não pode ser alterado o aspecto cromossômico, buscando maneiras de substancializar as diferenças de gênero (Rohden, 2008) através de argumentos da biomedicina, tais como afirmar que existem tamanhos distintos de cérebros no homem e na mulher (e demonstrar que a mulher tem menor aptidão às ciências exatas porque seu cérebro é marcado por algo que está ausente, por exemplo), ou que a testosterona, hormônio que serve como metáfora de "homem", é responsável pelo desejo sexual, pelo estímulo e pelo desempenho (é o hormônio que, por excelência, potencializa e melhora) (Hoberman, 2005). Fabíola Rohden (2008, p. 148-149) esclarece sobre essas narrativas que

> Parece ficar nítido que há uma resistente tentativa de encobrir o gênero a partir de uma lógica da substancialização da diferença. O objeto dessa substancialização pode variar, passando por exemplo dos ovários aos hormônios sexuais. Mas a referência a algum tipo de materialização do gênero permanece intacta, ou melhor, parece ir se aprimorando a cada descoberta científica. Percebe-se a pregnância de uma necessidade de "essencialização" das diferenças entre homens e mulheres ao longo do último século, que remete necessariamente

à tradição dualista que tem caracterizado a cultura ocidental moderna. Basicamente, as renovadas formas de "essencialismo" têm implicado delimitar o que seria do plano natural, supostamente imutável, e o que se enquadraria no plano social ou cultural, passível de transformação. Um olhar mais atento ao discurso médico da passagem do século XIX ao XX, por exemplo, nos leva a perceber que é exatamente a instabilidade entre essas fronteiras, ou seja, a constatação da sua precariedade, que promove uma insistente reafirmação das oposições.

A ideia de que os órgãos sexuais "originais" precisam cumprir uma "função" pressupõe que existe um emprego natural do pênis e da vagina que não tenha sido construído pela cultura de cada sociedade. Mesmo no argumento de que a faloplastia (a cirurgia genital para homens transexuais, que não é oferecida no Brasil pelo SUS já que possui caráter experimental), por exemplo, não resulta em um pênis funcional à inseminação, ou de que não há a construção de testículos produtores de sêmen, se estará reduzindo a condição "masculina" à sua capacidade reprodutiva — e sequer se pensou na genitália enquanto parte de um corpo erógeno. A partir dessa ideia, todos os machos humanos castrados ou impotentes seriam destituídos de sua condição masculina; fêmeas humanas histerectomizadas, mastectomizadas ou inférteis não seriam mais consideradas mulheres; e pessoas celibatárias não poderiam reivindicar suas condições masculinas ou femininas por não darem funcionalidade a seus órgãos sexuais. Em relação à configuração cromossômica, parece que a única forma de resguardar algum direito tendo em consideração essa prerrogativa seria instituir o hábito de se exigir um exame cromossômico molecular antes de casar ou de celebrar qualquer tipo de contrato.

Realiza-se, portanto, uma vontade de se obter a "verdade" do corpo, mais especificamente através do laudo pericial que participa do processo judicial. A perícia judiciária é, na maioria dos casos, o fundamento da sentença judicial. Nela tudo deve ser dito, nos mínimos detalhes: meninos que brincavam de boneca, sensíveis, que evitavam brincadeiras rudes, esportes e brinquedos não relacionados ao estereótipo masculino; meninas que brigavam na escola, que preferiam figuras masculinas em detrimento de brincadeiras maternais. O passado mais remoto é perscrutado na esperança de se encontrar o erro, o momento de desalinho que ensejou a identidade fora da norma e assim justificar que a pessoa é "realmente" transexual. Constatando-se a patologia do gênero, poderá essa ser "curada" através da retificação do registro civil.

Mas as próprias condições de diagnóstico do chamado "transtorno de identidade de gênero", "disforia de gênero" ou "transtorno de personalidade da identidade sexual" (termos que vêm constando nas diferentes edições do Manual de Diagnóstico e Estatísticas de Distúrbios Mentais — DSM) — patologias que fundamentam a retificação do registo civil — são, em si mesmas, enunciados performativos de gênero, pois promovem a reiteração de normas preestabelecidas que se referem a atos tidos como naturalmente femininos ou masculinos. Quando a pessoa não atende a essa estrutura discursiva, ou seja, não está "adequada" àquilo prescrito pela norma de gênero, o direito autorizará, a partir do aval científico da medicina, que a definição jurídica daquele corpo seja modificada. Acontece então de o Poder Judiciário utilizar uma sobreposição de argumentos para conceder o direito da pessoa a retificar o nome, de modo que muitas vezes só oferece a retificação civil do RG se a pessoa tiver realizado a cirurgia genital (ou se estiver na fila do SUS para tanto). Há situações, ainda, de o Judiciário solicitar a presença da/o requerente em audiência, de modo a avaliar se a pessoa "se comporta de acordo com o gênero", quer dizer, se ela se adequa às normas do gênero que diz ter — avaliando desde a voz da pessoa até os seus trejeitos, suas vestimentas e o quanto ela "passa" por uma pessoa cisgênero (o que chamamos de "passabilidade cis").

Somente em casos mais raros é oferecida a retificação do nome para a pessoa independente de ela se considerar transexual ou travesti e estando ou não à espera da cirurgia genital — mas não a retificação do "sexo" no documento, já que se a pessoa mantém o órgão sexual "original", para a Justiça ela permanece sendo daquele sexo. Casos ainda mais extraordinários são de pessoas que conseguem a retificação tanto do nome quanto do sexo, independente da vontade de cirurgia. Esses casos que vou chamar de mais "revolucionários" são fruto não apenas do tensionamento dos movimentos sociais em reivindicar a produção de novos discursos sobre as pessoas trans em relação à Justiça e aos seus operadores, como também da participação de profissionais construindo documentos distantes da narrativa patologizante, fundamentando, assim, decisões menos arbitrárias e mais próximas do padrão civilizatório pelo qual lutamos.

É o caso da experiência porto-alegrense de trabalho em uma assessoria jurídica popular, o G8 — Generalizando do SAJU/UFRGS, um grupo formado por profissionais e estudantes do direito, psicologia e serviço social (e mais recentemente também de outras áreas do conhecimento) que buscam produzir petições e documentos técnicos diferentes do processo jurídico tradicional, tendo um viés mais político em questionar a patologização da transgeneridade e tomando como ponto de partida a autodeterminação dessa população e a necessidade de uma legislação inclusiva de gênero e sexualidade no direito brasileiro. Se o processo tradicional, como já vimos, é caracterizado por documentos de classificação e identificação patológica (especialmente advindos da psiquiatria e da psicologia), o projeto do grupo propôs o uso de um parecer ao invés de um laudo, cujo objetivo principal não foi a investigação científica da condição mental do sujeito, mas sim a demonstração do quanto o registro civil inadequado à identidade social da pessoa transexual ou travesti a colocava em situação de violência, ferindo sua dignidade, impedindo o acesso a serviços básicos de sobrevivência e, somando-se a uma série de outras vicissitudes, em nada contribuindo para a promoção da saúde e de direitos humanos.

Esse parecer poderia ser produzido tanto por profissionais da psicologia — fundamentado sim no campo psicológico mas tendo como objeto principal a história de vida do sujeito atendido e não a narrativa "técnica" — quanto por profissionais do serviço social. Em relação ao parecer social e de acordo com o que define Maria da Graça Türck (2003), ele se constitui como uma forma narrativa mais densa e, ao mesmo tempo, sucinta, em que a/o assistente social insere elementos narrativos do objeto a ser desvendado, contextualizando a situação estudada com a vida do sujeito. É, portanto, um documento que narra a questão a ser problematizada incorporando elementos concretos — elementos esses que são o próprio objeto de trabalho da/o assistente social (as refrações da questão social) tais como a violência, a pobreza, a desigualdade social, o preconceito e a discriminação, as lutas sociais etc. Essa narrativa ocorre à luz de um referencial teórico e levando em consideração a vida material do sujeito, sendo orientada, portanto, por um paradigma teórico-metodológico, técnico-operativo e ético-político que dá sustentação ao processo interventivo da/o assistente social. Nesse sentido, a/o profissional é dotada/o de qualificação técnica para descrever a situação com elementos concretos, emitindo parecer a respeito com poder e autoridade (Gershenson, 2003). A esse respeito, Fávero afirma que:

> O parecer social diz respeito a esclarecimentos e análises, com base em conhecimento específico do Serviço Social, a uma questão ou questões relacionadas a decisões a serem tomadas. Trata-se de exposição e manifestação sucinta, enfocando-se objetivamente a questão ou situação social analisada, e os objetivos do trabalho solicitado e apresentado; a análise da situação, referenciada em fundamentos teóricos, éticos e técnicos, inerentes ao Serviço Social — portanto, com base em estudo rigoroso e fundamentado — e uma finalização, de caráter conclusivo ou indicativo. No âmbito do Sistema Judiciário, o parecer pode ser emitido enquanto parte final ou conclusão de um laudo, bem como enquanto resposta à consulta ou à determinação da autoridade judiciária a respeito de alguma questão constante em processo já acompanhado pelo profissional (Fávero, 2005, p. 47).

De acordo com o Código de Ética do/a Assistente Social (Brasil, 2012), constitui atribuições privativas da/o assistente social "realizar vistorias, perícias técnicas, laudos periciais, informações e pareceres sobre a matéria do Serviço Social", sendo o parecer social um documento no qual se materializa a opinião técnica da profissão que frequentemente é requisitada para a concessão de um benefício, recurso material ou médico-pericial. A/o profissional deve pautar-se, assim, na história de vida do sujeito, que compreende o tempo histórico do sujeito e o tempo histórico social

Diversidade sexual e de gênero

(Alvarenga; Moreira, 2005), diferenciando-se do parecer psicológico a partir do que evidencia o Manual de Elaboração de Documentos Decorrentes de Avaliações Psicológicas instituído pela Resolução n. 007/2013 do Conselho Federal de Psicologia. A psicologia institui o documento da sua área como uma das modalidades de documentos privativos da/o psicólogo, tendo por característica uma fundamentação teórica e um resumo a respeito de uma questão focal do campo psicológico cujo resultado pode ser indicativo ou conclusivo. Logo, tem como finalidade apresentar uma resposta, no campo do conhecimento psicológico e através de uma avaliação especializada, de uma "questão-problema".

Cumpre ressaltar que a opção por um parecer psicológico ao invés de um laudo psicológico por parte do G8 — Generalizando já é um ato revolucionário frente ao Poder Judiciário e àqueles/as que decidem sobre a vida das pessoas trans. Essa opção guarda relação com uma perspectiva epistemológica específica a respeito do que vem a ser "identidade de gênero", uma vez que o laudo psicológico é "um instrumento de avaliação do sujeito, [que utiliza] para tanto testes psicológicos e a psicoterapia para elaborar uma documentação que, focada no indivíduo, fizesse um panorama de diagnóstico e prognóstico" (Schmidt; Puglia, 2013, p. 5). Ainda nas palavras das autoras (2013, p. 5), é um deslocamento que provoca uma mudança epistemológica, "da concepção de patologia do sujeito, focado no indivíduo, para o social, utilizando esse espaço dentro do judiciário para atualizar a justiça do que vem se estudando e pensando sobre gênero e sexualidade, em uma vertente mais crítica dos estudos [...]". Parece ficar claro, assim, que tanto o parecer social elaborado pela/o assistente social quanto o parecer psicológico elaborado pela/o psicóloga/o possuem características em comum quando se trata de oferecer uma avaliação especializada no campo dos estudos de gênero e sexualidade, e, mais especificamente, sobre a transgeneridade. Isso porque a transgeneridade, de acordo com os estudos mais recentes no campo das ciências sociais e humanas, não pode ser pensada unicamente do ponto de vista de uma subjetividade descolada da objetividade (isto é, como fenômeno intrapsíquico e relacionado a idiossincrasias individuais que não possuem determinações relacionais, históricas, políticas e socioculturais).

Pensar a transgeneridade envolve não apenas questões ditas "psicológicas" (da ordem de uma subjetividade individual), como também questões de matriz social, da ordem uma subjetividade histórica, colada à objetividade e à concretude material, uma vez que as pessoas transexuais e travestis estão inseridas em sociedade através de relações sociais específicas, mediadas por processos sociais diversos (que produzem experiências tanto de desigualdade quanto de resistência). Além disso, especialmente no que se refere à necessidade de retificação de registro civil de travestis e transexuais, essa questão requisita muito mais, do meu ponto de vista, uma análise de ordem sociológica, uma vez que essas pessoas têm diversos direitos negados em decorrência do nome que não corresponde com suas identidades e autoimagens.

É sabido, por exemplo, que a disforia de gênero prevista no Manual Diagnóstico e Estatístico de Transtornos Mentais (DSM) da Associação Americana de Psiquiatria relaciona o desconforto que a pessoa transgênero tem com relação ao seu gênero. Ter um nome que não condiz com sua identidade de gênero, assim, é um dos principais motivos de produção deste desconforto, e não o contrário (ter uma identidade de gênero que não condiz com o seu nome). Se a identidade de gênero é construída subjetiva e objetivamente, o nome não é — ele é um dado concreto que produz materialmente o sujeito no campo civil. Nesse caso, o que pode ser modificado pelo Poder Judiciário é justamente o nome, e para isso é requisitado por ele que seja feita uma análise técnica que alie elementos subjetivos e objetivos de como as pessoas trans enfrentam violências sistemáticas — desde o fato de não frequentarem os bancos escolares e as unidades de saúde em razão do preconceito até as dificuldades de abrir uma simples conta bancária, usar o cartão de crédito, ter atendimento em aeroportos e restaurantes.

Se é verdade que o documento técnico elaborado pela/o assistente social não pode versar sobre questões psicológicas, não é verdade que não possa

Diversidade sexual e de gênero

versar sobre questões da ordem do subjetivo, uma vez que, na elaboração marxiana, a própria realidade social em sua totalidade concreta é caracterizada em uma dialética de objetividade/subjetividade, não fazendo sentido desvincular essas duas dimensões. Nas palavras exatas do autor, "tanto as condições objetivas quanto subjetivas [...] não são mais do que duas formas diferentes das mesmas condições sociais" (Marx, 2004, p. 395). Além disso, a própria transgeneridade, como já dito, não se trata somente de uma questão individual, e nem a identidade de gênero dos seres humanos é formada unicamente por aspectos intrapsíquicos, mas é também formada por aspectos de uma subjetividade/objetividade social e histórica — do que se pode concluir que a necessidade de retificação de registro civil para pessoas transgêneros é fundamentalmente uma questão social, da sociedade.

Assim, tanto a/o assistente social com fundamentação teórica dos estudos de gênero e sexualidade quanto a/o psicóloga/o com a mesma fundamentação podem, por isso, inferir tecnicamente a respeito dessas questões, que são tanto objetivas quanto subjetivas — ora porque a subjetividade em alguma medida é objetificada por condições materiais de vida, ora porque a vida concreta em alguma medida interfere na ordem subjetiva do ser humano, ora porque as condições materiais de existência são modificadas pelos sujeitos (se assim não fosse, não haveria possibilidade de revolução e transformação social). De toda a sorte, esses documentos técnicos precisam ser produzidos em uma perspectiva sempre despatologizante (enquanto houver necessidade deles, já que nosso horizonte deve ser pelo fim de documentos como esses), tendo como referência principal a voz do sujeito sobre as suas condições históricas de existência, demonstrando, assim, uma opção teórica e política aliada às pessoas trans.

Considerando o caráter "prático" que reveste esta obra, finalizo este capítulo propondo uma estrutura de parecer social para retificação de registro civil de pessoas trans. Essa estrutura não se pretende fechada, ao contrário, deve servir como norte para que as/os assistentes sociais pensem com mais facilidade sobre a produção desse documento, mas levando em consideração as particularidades de cada caso e, sobretudo, a narrativa do sujeito atendido:

I) IDENTIFICAÇÃO DA PESSOA ATENDIDA

O nome social da pessoa (nunca a tratando pelo nome de registro não retificado) e dos motivos principais que a levam a buscar a retificação do registro civil. Esses motivos devem ser objetivamente localizados, isto é, não busca respostas em como a pessoa "se sente" ou "se imagina" homem ou mulher; o gênero da pessoa não pode ser tratado apenas como uma questão de sentimento, embora não possamos negar a dimensão emocional que constitui historicamente os sujeitos e que resulta em experiências sociais.

II) FUNDAMENTAÇÃO TEÓRICA

Aqui, é possível estabelecer alguns diálogos com a teoria que baseia o documento técnico, entre elas os fundamentos epistemológicos da profissão e aqueles que tematizam a diversidade de gênero desde uma perspectiva crítica e social. A intenção não é se deter longamente sobre teorias, mas demonstrar que nossa opinião técnica está fundamentada em evidências científicas.

III) HISTÓRIA DE VIDA

Depois, descreve-se a história de vida do sujeito tendo em consideração os pontos que são considerados pertinentes pelo próprio usuário. A entrevista com a pessoa que requer a retificação do registro civil deve ser o mais aberta possível, dando vazão a que ela fale livremente sobre a sua história, decidindo sobre os fatos que considera importantes narrar. Mais uma vez, a história do sujeito não deve ser utilizada para patologizá-lo ou no intuito de buscar informações na infância sobre "incongruências psicológicas de gênero"; deve ser um tópico que narre as experiências de transição do sujeito com a sua família, com o social, com as instituições.

IV) CONSIDERAÇÕES E PARECER FINAL

Deve-se concluir o parecer social com informações concretas e objetivas sobre as dificuldades passadas pelo sujeito atendido em razão de ele não possuir um nome que concorde com a sua identidade. Os sofrimentos que o sujeito possui, assim, são caracterizados de um ponto de vista social, pois decorrem das situações vexaminosas que são impostas à pessoa pelo fato de o nome dela não a representar socialmente, fazendo com que ela deixe de acessar serviços e instituições como a escola e a universidade, os serviços de saúde, os espaços de sociabilidade, os serviços de organismos diversos etc.

A intenção deste capítulo foi oferecer um breve panorama da situação atual das possibilidades de reconhecimento, pela justiça brasileira, da identidade de pessoas transexuais e travestis através da retificação do registro civil, e o papel do serviço social na produção de pareceres sociais quando se insere nesses tipos de processos judiciais. Apesar de eu ter, nessas poucas linhas, elaborado algumas diretrizes de produção técnica sobre esse tema, quero reafirmar que o compromisso da nossa categoria profissional tem de ser pela criação de uma Lei de Identidade de Gênero — inspirada pela experiência argentina que, desde minha análise, é a que respeita mais a autodeterminação de gênero das pessoas trans. A luta das/os profissionais deve ser, assim, por um processo de troca de nome que não requeira a opinião técnica de qualquer profissão da saúde, já que isso se estabelece como um dispositivo de poder que coloca as pessoas trans como incapazes de falarem por si mesmas e sobre as suas próprias experiências sociais.

Capítulo 5
Adoção por casais homossexuais

A/o assistente social integra também as equipes profissionais que atendem as demandas por adoção que ingressam na Justiça; esse trabalho exige da/o profissional uma compreensão ampliada de família e a ausência de preceitos religiosos ou moralistas no atendimento dessa questão, o que não se trata, ao mesmo tempo, de negar a religião ou a moral da/o profissional, mas de reconhecer que a ordem do direito em um Estado de Direito que se pretende laico não pode ser pautada por princípios religiosos ou morais, mas pela noção de cidadania. Além disso, uma concepção sobre família não está dada: embora digamos no decorrer da nossa formação que a ideia sobre a família não pode ser limitada ou preconceituosa, não temos (nem podemos ter) modelos pré-concebidos, já que existem muitas formas de estabelecer laços familiares. Dizemos então que as pessoas acabam construindo noções equivocadas sobre família, mas não percebemos que toda ideia sobre esse assunto é uma construção teórica, cultural e histórica para a qual recorremos — de áreas afins à nossa, mas também do serviço social, que tem uma longa trajetória de trabalho com famílias desde a sua institucionalização no Brasil (Mioto, 1997). Como afirma Cecílio *et al.*:

> [...] ao se proibir um casal homossexual de adotar, está se abandonando mais uma vez a criança ou o adolescente que, normalmente, permanece institucionalizado. Esse preconceito, longe de promover um ambiente seguro emocionalmente para a criança, acaba por reforçar a sua exclusão de uma sociedade na qual circulam concepções tradicionais e um tanto quanto engessadas de família [...] As dificuldades legais para o reconhecimento dessas famílias, bem como a discriminação e o preconceito que envolvem não apenas o casal [homossexual], como também a criança adotada, acabam por repercutir no modo como essas famílias têm se estruturado e se reconhecido em termos de sua identidade. Essa identidade não passaria apenas pelo reconhecimento do pacto conjugal, mas pela aceitação de um arranjo familiar não convencional, que vem fomentando uma revisão das próprias noções consagradas de família e parentesco [...]. O que seria família no contexto contemporâneo? O que definiria as funções sociais de pai e mãe nos múltiplos arranjos familiares da atualidade? (Cecílio; Scorsolini-Comin; Santos, 2013, p. 511).

Romagnoli (2007, p. 97) afirma que a família é processual e historicamente condicionada, já que ela "nem sempre foi a mesma e vem se transformando através dos séculos, sendo definida por diferentes sociedades em termos divergentes e com diversos graus de importância". Em geral, entretanto, permanece sendo difundida a idílica noção de família sempre como alicerce e como lugar de felicidade (Mioto, 1997), quando, para certas populações, a família é o lugar do abandono e da discriminação. Pessoas LGBTI frequentemente possuem histórias de como sofreram abandono por parte da família, já que esta impõe a heterossexualidade e a cisgeneridade como normas. Quando as pessoas não possuem as condições para permanecer "no armário" (termo que utilizamos para designar aquelas/es que já perceberam que têm uma orientação sexual ou identidade de gênero dissidente mas mantêm escondida essa informação por um período indefinido), resta muitas vezes a rua como a única saída, pois o que a família oferece é a rejeição e a violência.

Diversidade sexual e de gênero

Já vimos que a família é o lugar onde aprendemos, pela primeira vez, tudo aquilo que se refere ao gênero e às expectativas da sociedade em torno do gênero, ou seja, onde aprendemos a nos comportar com decoro, onde entendemos o nosso lugar na hierarquia e quando devemos ou não ocupar um papel de autoridade etc. No modelo normativo de família nuclear, o pai é sempre o responsável pelo provimento da prole e por isso possui a maior respeitabilidade entre todos, exercendo o comando em razão do entrecruzamento de gênero (é o homem) e de poder econômico (é quem "sustenta" financeiramente). Ao passo que a mãe está em situação subalterna pela sua condição de gênero (é mulher) e pelo poder econômico (depende financeiramente do homem, ainda que exerça trabalho doméstico não pago). Essa situação vem mudando, é claro, com o ingresso das mulheres no mercado (formal) de trabalho; mesmo assim ainda prevalece a desigualdade salarial entre homens e mulheres, ainda quando ocupam os mesmos cargos profissionais — e as mulheres encontram mais dificuldades para ascender socialmente a cargos de gerência ou chefia[1]. Uma parcela de responsabilidade nessa insistente desigualdade pode ser creditada às noções de gênero que aprendemos através da família, que é tida, nas palavras de Barroco (2009, p. 174-175), como um alicerce moral do conservadorismo, em que "a mulher exerce o papel de agente socializador responsável pela educação moral dos filhos; por isso, essa perspectiva [conservadora] é radicalmente contrária aos movimentos femininos, entendendo-os como elemento de desintegração familiar".

Logo, não é por acaso que LGBTI são expulsos de casa ainda muito cedo, pois suas próprias existências arriscam a possibilidade de uma

---

1. Além disso, a entrada no mercado de trabalho proletariza a mulher e resulta para ela em dupla jornada de trabalho, uma vez que no modelo burguês de família, ela continua sendo responsável pelo cuidado imediato da prole, enquanto o marido se responsabiliza pelo sustento econômico. Por outro lado, há na contemporaneidade uma série de "novos arranjos familiares" como, por exemplo, as famílias monoparentais constituídas apenas de mulher e filhos ou pai e filhos, ou as famílias constituídas pela mãe, filhos e mulheres da família (avós, tias, cunhadas etc.), ou ainda famílias constituídas por irmãos ou irmãs mais velhos/as e mais novos/as, nas quais os/as mais velhos/as assumem as funções parentais, além de uma série de outros arranjos que ordenam em torno dos laços de consanguinidade e afinidade.

integração familiar baseada na heterossexualidade e cisgeneridade compulsórias, e na reprodução social da família heteronormativa. É comum que gays ouçam dos seus pais, por exemplo, a célebre frase tão usada em novelas e filmes: "você não é mais meu filho" (como se a pessoa passasse a ser outra coisa depois da assunção da sua sexualidade); pessoas trans são, desta forma, vistas como seres anormais e frequentemente as mulheres transexuais e travestis recorrem à prostituição pela falta de acolhimento familiar — 95% delas são prostitutas no Brasil, segundo dados estimados (e ainda não publicados) da Associação Nacional de Travestis e Transexuais. Há ainda as tentativas de "correção" no interior de algumas famílias que recorrem a pastores de igreja ou a psicólogas/os em busca de uma "reorientação" da sexualidade ou da identidade de gênero, como se isso fosse possível e necessário.

Também as mulheres cis podem experimentar processos de abandono ou expulsão familiar quando não cumprem com as expectativas de gênero dadas. Na história da nossa sociedade, foram inúmeros os casos de mulheres internadas em casas de custódia por serem prostitutas, assim como por terem se rebelado contra algum tipo de autoritarismo, porque seus maridos queriam passar a morar com a amante, ou ainda meninas grávidas e/ou violentadas que perderam a virgindade antes do casamento (Brum, 2013, p. 3). Acontece também quando essas pessoas infringem a lei e são presas; no caso das mulheres presas, o abandono familiar pode ser caracterizado pela consequência de uma nova moralização direcionada a elas por terem transgredido não apenas a lei como também as suas posições de gênero nas quais se presumia bom comportamento e docilidade. Para as mulheres e homens trans e para as travestis (bem como para gays e para os homens que assumem relacionamentos com travestis na prisão), o abandono familiar parece ser o reflexo de sexualidades e identidades de gênero dissidentes, o que confere à experiência de privação de liberdade um significado novo. Se antes do aprisionamento a população LGBTI já era discriminada em razão do corpo, do gênero ou da sexualidade, o estigma da criminalização ganha relevância com a privação da liberdade

Diversidade sexual e de gênero 99

e o que até então era motivo de suspeita (as sexualidades que fogem do padrão heterossexual são sempre tratadas sob suspeita) é "confirmado" ou "corroborado" pelos seus ingressos na prisão, e a ideia de "sexualidade ou gênero marginal" é ratificada como verdadeira, recebendo materialidade (Ferreira, 2015b).

Vemos, então, com todos esses exemplos, que a família não pode ser considerada algo alicerçado pela "natureza", mas é, em vez disso, algo da construção social dos sujeitos concretos, de modo que suas relações não podem ser estereotipadas ou naturalizadas (através de enunciados como "é natural que os pais protejam", "que a mãe tenha instinto materno", que as parcerias heterossexuais sejam "normais" em função da reprodução sexual da espécie "prevista por Deus como o fundamento da família" etc.). Família não é sinônimo, portanto, de reprodução sexuada e consanguinidade — uma vez que os laços consanguíneos ou de filiação formal não pressupõem necessariamente afeto e muitas vezes acarretam em expulsão e abandono. Ao mesmo tempo, a família pode ser definida pelo afeto? Desde o meu ponto de análise não, pois há agregados familiares com outros objetivos para além do afeto e que, mesmo assim, têm o direito de serem considerados família — socialmente e juridicamente falando. Tomemos como exemplo dessa discussão o emprego do conceito contemporâneo "homoafetividade": o termo foi cunhado pela primeira vez em 2005 no intuito de definir uniões entre pessoas do mesmo sexo como baseadas também no afeto.

O emprego de homoafetividade, na sua origem, pretendia desestimular a ideia de que as relações entre homossexuais se dão apenas na perspectiva do prazer sexual, quer dizer, almejava superar a noção de promiscuidade que é colada às identidades homossexuais pelo processo histórico. Embora seja, para algumas pessoas, uma conquista (pois foi importante para que o direito passasse a reconhecer a parceria entre casais homossexuais também enquanto unidade familiar), é, ao mesmo tempo, instrumento de normalização e normatização, pois coloca a/o homossexual — anteriormente desviada/o e amoral — como indivíduo com capacidade de amar nos parâmetros da heteronormatividade. Em outras palavras, há um assimilacionismo[2] na ideia de homoafetividade que, no entendimento de Thiago Coacci (2014), subordina a um enquadramento familiar e conjugal baseado na heterossexualidade o reconhecimento dos direitos de homossexuais de, por exemplo, casarem; então o casamento homossexual pode, assim, ser medido pelo afeto que possui e pela sua durabilidade.

Mas não somente por tudo isso é que sou contra a opção pelo termo "homoafetividade", ainda que eu reconheça sua importância na história do direito de família brasileiro; não é que, no meu entender, não possa haver afeto nas famílias formadas por pais homossexuais (homoparentais, portanto, embora esse conceito remeta diretamente à orientação sexual dos pais, o que pode ou não ser produtivo). A questão é que *ele não pode ser a base para que alguém seja sujeito de direitos*, e entendo que as/os assistentes sociais precisam ter essa compreensão do caso. Se não apoiamos a concepção de homossexuais como pervertidas/os ou promíscuas/os (como um estigma colado sobre uma suposta "natureza" dessas identidades), também não devemos apoiar que o direito seja oferecido somente àquelas/es que possuem afeto. Todas as pessoas devem ter direito a ter direitos, pois os direitos não são dados somente a quem (nós julgamos) que merece. Ainda que as intenções sejam as melhores, defender direitos para LGBTI sob o argumento de que essas pessoas podem amar é uma tática em si mesmo falida, até do ponto

---

2. Esse assimilacionismo é também produzido pela ideia do "casamento homoafetivo", quando este é centralizado nas narrativas de diferentes movimentos LGBTI organizados. Em outras palavras, algumas organizações tratam o casamento como demanda central e também como a mais importante, no intuito de que LGBTI sejam assimilados pela norma heterossexual. Pode ser também visto como um tipo de conquista de cidadania por via de um direito "liberal/burguês", pois quem deseja se casar no Brasil é, de modo geral, também aquelas pessoas de determinada classe social e raça/etnia dominantes. Mas há também a questão pragmática e objetiva, não assimilacionista, do acesso a direitos garantidos pelo Estado que equiparam casais heterossexuais e homossexuais pela via do casamento (plano de saúde conjunto, por exemplo). Pode-se, por isso, questionar a reiteração do Estado de Direito burguês, no entanto, não se trata apenas de questão identitária, mas de mitigação de vulnerabilidades. É preciso apontar, assim, que há controvérsia e contradição entre essas diversas proposições que estão em jogo.

Diversidade sexual e de gênero 101

de vista "afetivo" da tática (quer dizer, o quanto ela consegue ser defendida e incorporada pelas pessoas).

O direito ao casamento e à adoção devem ser direitos de todas as pessoas, sem distinção de orientação sexual e identidade de gênero, mas também sem que haja um vínculo com a existência ou não de afetividade emocional (ora, então é perguntado a um casal heterossexual na assinatura dos papéis se eles se amam para que possam contrair o casamento?). O casamento é um contrato social e jurídico, e qualquer cidadão tem direito a ele, não importando a dependência emocional que possa haver. A ideia de homoafetividade, assim, opera com uma normalização "pela e através da afirmação da liberdade, pelo autorizar, pela ênfase e o destaque de certo tipo de 'afeto', que, por sua vez, corre o risco de higienizar e anestesiar a homossexualidade, transformando-a em homoafetividade" (Coacci, 2014, p. 242). Aliás, cabe aqui o lembrete de que, para aquelas/es que operam a Justiça, as relações homossexuais só foram consideradas "família" muito recentemente (em 2011), através do julgamento da Ação Direta de Inconstitucionalidade (ADI) n. 4.277 e da Arguição de Descumprimento de Preceito Fundamental (ADPF) 132 por parte do Supremo Tribunal Federal (STF).

Nesse julgamento, o STF reconhece finalmente a união entre homossexuais como entidade familiar e, portanto, a essas uniões devem se aplicar disposições legais concernentes à união estável, aprovando a equiparação dos direitos de casais de homossexuais aos de casais de heterossexuais em relação ao casamento. Se por um lado isso é um avanço em termos de afirmação dos direitos humanos dessa população, não se inscreve como direito conquistado já que a decisão passa a caber ao Poder Judiciário no caso concreto — isso porque a união estável é um instituto jurídico que *pressupõe um homem e uma mulher* e, portanto, não assegura para homossexuais a mesma facilidade de reconhecimento. Além disso, esses direitos que podem ser conquistados através da declaração de união estável não são garantidos de imediato, já que o STF não faz parte do Poder Legislativo, portanto, não configura uma lei. Isso é profundamente contraditório e ambíguo, uma vez que, com a decisão, a união estável de um casal homossexual passa a poder ser reconhecida judicialmente no território brasileiro[3] através de um processo judicial, sendo convertida em casamento e aplicando-se daí todos os direitos civis relativos ao matrimônio, mas sempre de acordo com a interpretação da pessoa que julga.

Volto então à minha pergunta anterior: a família pode ser definida pelos níveis de afeto existentes? Ou as pessoas podem constituir relacionamentos familiares como estratégia de proteção social e reconhecimento de direitos? Me parece mais interessante que construamos a nossa concepção de família atrelada àquela conceituada por Regina Célia Mioto (1997, p. 118), através da qual a família é uma "instituição social historicamente condicionada e dialeticamente articulada com a estrutura social a qual está vinculada", que não se constitui, *a priori*, nem pelas relações consanguíneas, nem pelas relações formais de filiação, nem pela promessa de felicidade e amor, mas pela possibilidade de sujeitos se unirem para terem certos tipos de direitos (em um sistema de direitos familista como o nosso) e de políticas sociais,

---

3. Os tabelionatos gaúchos já aceitavam a declaração de união estável para casais de homossexuais desde 2004 através do Provimento n. 06/2004 da Corregedoria Geral de Justiça do Tribunal de Justiça do Estado do Rio Grande do Sul, quando, no Brasil, a decisão do STF partiu somente no primeiro semestre de 2011. No mesmo ano, o Supremo Tribunal de Justiça (STJ) aprova em 25 de outubro o casamento civil de duas gaúchas que moveram um processo no poder judiciário através de uma organização não governamental, o Somos — Comunicação, Saúde e Sexualidade, de Porto Alegre. O processo é especial porque, até então e com a decisão do STF de reconhecer que pessoas do mesmo sexo podem viver em união estável, o casamento civil só era possível para quem primeiro tivesse vivido sob esse regime (o da união estável declarada) para que então solicitasse a conversão em casamento. A decisão do STJ, no entanto, admite um casamento "direto", isto é, aprovou um pedido de casamento civil sem a conversão. No campo da jurisprudência, essas conversões já antecipavam os mesmos direitos previstos para os casamentos entre heterossexuais, deixando, assim, completamente equiparadas as pessoas homossexuais e heterossexuais casadas no que se referem os direitos civis. A decisão, embora não fosse vinculante, ou seja, não obrigasse juízas e juízes a reconhecerem os casamentos entre homossexuais, serviu de "exemplo" para a fundamentação de outras decisões no campo da jurisprudência. Aqui também se evidencia a luta de reconhecimento e afirmação desses direitos, objetos históricos de disputa. É preciso citar ainda a Resolução n. 175 de 2013 do Conselho Nacional de Justiça (CNJ) que obriga cartórios a reconhecerem casamentos civis entre pessoas do mesmo sexo e não apenas uniões civis que devem ser convertidas *a posteriori*.

comprometidos entre si por diferentes motivos. É, por isso, uma coesão histórica rica de significações e de diversidade, onde coexistem possibilidades diversas de arranjos, negociações, compromissos e combinações. Para Barreto:

> [...] a família só pode ser entendida no âmbito das relações sociais que determinam as condições objetivas e subjetivas de sua existência e reprodução e, a depender do período histórico, da região geográfica, da cultura e da sociabilidade na qual está inserida, a família apresenta variações quanto à hierarquia, função social que exerce e composição [...]. É preciso que o Estado, a sociedade e suas instituições jurídicas, políticas e sociais reconheçam e garantam direitos de convivência familiar e de parentalidade às famílias [pois independentemente] de sua composição, são espaços complexos e contraditórios que se gestam e se desenvolvem no seio das relações sociais (Barreto, 2014, p. 77-84).

Entendo, por outro lado, que em relação ao tema da adoção a existência ou não de compromisso e vínculo afetivo seja algo a mais a ser considerado, como fator tanto para concessão quanto para negação desse direito. Evidentemente uma pessoa que deseja ser adotante não pode fazê-lo por carência emocional, por necessidade de *status* ou prestígio social (especialmente, no caso de homossexuais, para "provarem" em certo sentido que podem ser família tanto quanto os heterossexuais) ou qualquer outra motivação que não seja vinculada à vontade de exercer a parentalidade com compromisso e disposição para oferecer as condições necessárias de desenvolvimento pleno da pessoa adotada; é claro que nós imaginamos que, no meio de tudo isso, há afeto. Mas temos que considerar, em primeiro lugar, se existem as condições concretas para que a adoção se concretize, como por exemplo se existe uma casa e uma possibilidade de subsistência, se há capacidade para oferecer proteção social, capacidade psicológica, responsabilidade etc. Em nada disso a medida do afeto está em jogo, pois ele pode ser um pressuposto, mas nunca uma variável concreta e estável.

Acompanho também a crítica de Cecílio, Scorsolini-Comin e Santos (2013) de que a utilização de uma definição insuficiente e pouco ampla de família tem gerado práticas profissionais cuja tendência é procurar no modelo heteronormativo, nuclear e tradicional os exemplos do que poderia vir a ser considerado ideal por parte das famílias adotantes. Do mesmo jeito, essa crítica cabe às/aos assistentes sociais: em que medida nossas intervenções têm tomado a heterossexualidade como referência para pensar os comportamentos "adequados" das famílias homossexuais que procuram adotar? Será que não acabamos comparando as famílias homossexuais com as heterossexuais tendo como parâmetro de referência as segundas, impondo sobre as primeiras certos modelos uniformes daquilo que já temos como verdadeiro, que é a norma heterossexual? Essas situações podem se materializar, por exemplo, em certa noção a respeito dos papéis de gênero, através da qual uma das figuras paternas necessariamente cumpriria o papel masculino e outra o papel feminino — afinal operamos pelo padrão iconográfico da diferenciação e da complementariedade sexual, isto é, pela ideia de que masculino/feminino, homem/mulher, macho/fêmea são contrários e complementares, e que para haver "equilíbrio" é necessário que haja elementos de ambos.

Nem preciso dizer (ou melhor, preciso) que essas caracterizações dualistas e binárias são mais assujeitadoras do que produtivas, já que, em princípio, não há nada que demonstre a veracidade de certas qualidades serem tipicamente masculinas e outras femininas (então mulheres só podem ser passionais, subjetivas e domésticas enquanto homens são racionais, objetivos e afeitos ao espaço público?). Outras pessoas diriam que o que importa é o cumprimento desses padrões (que uma pessoa cumpra o papel do afeto, responsabilidade da mãe, enquanto outra cumpra com a interdição/autoridade, responsabilidade do pai). Ainda que se possa acreditar nisso (não me parece que assistentes sociais devam ingressar nessa seara do pensamento, mas concordo que é legítima a vertente de estudos a esse respeito), essa ideia também essencializa certas características como naturalmente masculinas ou femininas, ou seja, uma mulher só seria vista como autoridade quando estivesse agindo "masculinamente", ocupando um papel que não foi originalmente dado a ela.

Outro exemplo que considero poderoso quanto às formas como se expressa a norma heterossexual nas práticas das profissões que lidam com o processo de adoção relaciona-se com a ideia de "discrição" imputada aos casais homossexuais. Em outras palavras: as/os assistentes sociais estão atentas/os à maneira como cobram (ainda que simbolicamente ou subjetivamente) dos casais homossexuais que não expressem ou expressem com discrição as suas sexualidades no ambiente doméstico? Se sabemos que existe uma tradição sociocultural que relaciona as homossexualidades à promiscuidade e a tipos de perversão sexual, não demora muito que estabeleçamos nexos entre essas identidades sexuais e aquelas práticas sexuais interditas pela moral e pela lei — vejamos, por exemplo, que tradicionalmente os gays e as travestis são presos no Brasil em celas destinadas aos *sexual offenders* (homens que cometem crimes sexuais), ainda que não tenham cometido crimes desse teor (Ferreira, 2015b); que homens têm mais dificuldades de exercer profissões de cuidado às infâncias, como os pedagogos e conselheiros tutelares, especialmente porque há um temor de que haja assédio sexual (Vanini, 2014); que é socialmente aconselhado a mães e pais homossexuais que ofereçam acompanhamento psicológico ou outro tipo de atendimento terapêutico aos seus filhos e filhas como sintoma de um preconceito que relaciona a sexualidade das/os adotantes a problemas de desenvolvimento da criança ou adolescente.

Nesse caso, o espelhamento ocorre porque a norma heterossexual é tratada como silenciosa, ou seja, são os gays e as lésbicas que deixam de ser discretos ao performarem de determinadas maneiras as suas identidades sexuais, enquanto as pessoas heterossexuais não são tratadas sob categorias como "escandalosas", "extravagantes", "chamativas", "expositivas" etc. ao simplesmente comunicarem que são heterossexuais. É que, como a heterossexualidade é a referência de sexualidade, ela aparece em todos os lugares sem ser notada ou problematizada: desde uma divisão por sexo em uma fila de estudantes na escola até as referências que temos na mídia, nas novelas, no cinema; tudo é representado do ponto de vista da heterossexualidade como natural (não é por acaso que existe aquela famosa cena em que um jovem gay reúne sua família no almoço de domingo para dizer: "pai, mãe... eu sou gay"; já que a sexualidade não heterossexual precisa ser anunciada, assumida). Então, quando vemos a manifestação da sexualidade heterossexual (como um beijo na rua, por exemplo), isso não desperta curiosidade ou pensamento, mas vemos comentários e risadas de outras pessoas se o caso ocorre entre gays ou lésbicas.

Por tudo isso, concordo com Barreto (2014, p. 91) ao afirmar que existe uma tendência de defender a família pautada "na dimensão da preservação da família nuclear conjugal por casais heterossexuais", de modo que o desejo de pares homossexuais constituírem família é perscrutado por uma noção heteronormativa de como deve ser levada a constituição dessa família. Mesmo os sujeitos adotantes podem ser cooptados por esta lógica conservadora e tentarem, assim, reproduzir os padrões normativos heterossexuais, o que deve ser colocado à reflexão por parte da categoria profissional de assistentes sociais no processo de adoção. Isso acontece porque os sujeitos LGBTI sabem que, quanto mais assimilados à norma eles estiverem, mais protegidos da violência e mais próximos da conquista de direitos eles estarão. Ainda segundo o autor:

> [...] a constituição de famílias [homossexuais] na lógica da família heterossexual nuclear e burguesa abre, de certa forma, uma fissura na ordem, mas ela só é possível porque o próprio sistema de produção e reprodução permite que ela ocorra. A família [homossexual] com filhos/as, portanto, não necessariamente rompe com a estrutura da família burguesa. A função social da família continua sendo mantida, independente dela ser formada por homossexuais, heterossexuais, bissexuais, travestis ou transexuais. A função da reprodução social permanece, ou seja, a reprodução da força de trabalho, de um *ethos*, de valores e de um modo de vida (Barreto, 2014, p. 94).

As relações que busquei estabelecer neste capítulo procuram servir às/ aos assistentes sociais como forma de subsidiar o olhar profissional frente à diversidade de familiares adotantes, particularmente as homossexuais. O caráter pedagógico que imagino poder oferecer sobre esse tema não tem a ver com a produção de relatórios ou de visitas domiciliares desde uma ou outra perspectiva, mas com a forma como empregamos preconcepções às

Diversidade sexual e de gênero 107

demandas que nos chegam na seara da adoção por homossexuais e que podem parecer invisíveis a nós já que estão atreladas a aprendizados enraizados. Parece a mim importante que disputemos uma concepção de família com outras que estão fundamentadas em preceitos religiosos, conservadores e moralizadores, pois sabemos que muitas das demandas relacionadas a essa temática jogam com a nossa subjetividade — apesar de tentarmos encontrar metodologias objetivas para conceder ou não o direito à adoção para alguém. Mesmo quando nós estamos alinhados a uma tradição mais crítica de pensamento, pode ocorrer de termos de disputar ética e teoricamente com profissionais de outras áreas (e da nossa própria área), em que o argumento conservador pode ser mascarado sob argumento técnico e ganha aquela/e que tem mais poder, *status* profissional etc. Temos, por isso, que ter sempre argumentos fundamentados em evidência científica e em teoria para combater o pensamento imediato e particular da cotidianidade.

Capítulo 6
Prisões, gênero e sexualidade

Como as prisões vêm oferecendo tratamento penal às pessoas de gênero e sexualidade dissidentes? E como as instituições prisionais elaboram um regime de corpo, gênero e sexualidade de acordo com uma concepção masculina, heteronormativa e intransigente à diversidade? É importante discutir aqui a realidade da população LGBTI privada de liberdade e suas experiências com a prisão, bem como o atendimento técnico do serviço social às demandas sociais dessas pessoas, que pode funcionar para protegê-las e garantir-lhes direitos ou para puni-las mais ainda no interior de uma instituição que controla as pessoas LGBTI através de mecanismos particulares. Essas são algumas questões iniciais que procurei elencar para nortear este capítulo e que devem servir especialmente às/aos profissionais que trabalham nos serviços vinculados à política de segurança pública e à gestão da questão penitenciária.

As prisões no Brasil funcionam através de uma das políticas de extermínio mais bem-sucedidas de que se tem notícias[1], considerando a orientação

---

1. O Brasil é um dos sete países com maior concentração de violência da América do Sul e responsável, junto desses outros seis lugares, por 34% dos homicídios de todo o planeta (Instituto

nacional por encarceramento de massa, seletividade penal que considera marcadores sociais (especialmente de raça/etnia e classe social) e populismo punitivista, além do assombroso número de mortes na prisão e o fato do Brasil estar em terceiro lugar no ranking mundial de número de presos. A questão penitenciária enfeixa a tensão dialética entre a promessa civilizatória da boa pena e a barbárie real da execução penal pelo Estado brasileiro (Chies, 2013). Por esse motivo, as prisões brasileiras podem ser consideradas um mirante privilegiado para analisarmos os paradoxos da realidade do país, que são imensos e diversos, uma vez que coloca em cheque o processo de reconhecimento civil e democrático em que o país se inseriu na década de 1980 com a promulgação da Constituição Federal. Se, como afirma Foucault (1999), as prisões passam de uma ordem de suplício ao corpo para outro de docilização e disciplinarização dos corpos dos condenados (em que o poder institucional sobre o corpo de quem infringe a lei não é mais imposto de maneira extravagante, mas é econômico para atingir mais pessoas e assim tornando-as produtivas[2]), a prisão leva em consideração a posição social dos sujeitos para distinguir entre aqueles que podem ser punidos e mortos e aqueles cuja "vida importa", como disse Judith Butler (2006) — produzindo mesmo os "sujeitos da prisão" e a própria "prisão".

Essa distinção é feita, entretanto, "pelo bem de todos", isto é, sob um argumento da proteção advindo do período de redemocratização brasileiro. Temos, por um lado, uma Constituição Federal garantista, inclusiva e de

---

Igarapé, 2017). A força policial brasileira é a que mais mata no mundo, responsável em 2014 por mais de 15% do total de homicídios no país — matando inclusive pessoas já rendidas e feridas, sendo 80% delas negras (Anistia Internacional, 2015). São pelo menos mil casos diários de violência policial, que não engloba somente o homicídio (que ocorre ao menos cinco vezes por dia), como também a violência física (60%) ou psicológica (36%) (Chade; Tavares, 2016).

2. Aqui não se trata de uma produtividade econômica em um sentido economicista. Foucault (1999) aponta que a sociedade disciplinar desloca a hipótese repressiva para a hipótese produtiva, em que os sujeitos multiplicam o poder ao se tornarem produtores de poder disciplinar uns sobre os outros. Por isso, condenados vivos são mais eficientes do que condenados mortos, pois vivos e disciplinarizados irão multiplicar as relações de poder disciplinar. Dessa forma, as prisões e os saberes jurídicos são dispositivos de poder. É uma economia de poder, não uma economia de produção de mercadorias e valor de troca de uma perspectiva marxista.

acesso à condição de cidadania pelos direitos, que aposta na igualdade de gênero e sexualidade. No entanto, o Brasil é um dos países com maiores índices de violência (dentro e fora da prisão) do mundo, com exceção daqueles que estão em guerra. Os dados relacionados às questões do crime e da segurança pública no Brasil não nos permitem ocultar nem banalizar a violência como expressão trágica da sociedade brasileira, mais especialmente do arrefecimento das formas de controle social pelo Estado em resposta às desigualdades, que cresce enquanto Estado Penal e Policial e se retira enquanto Estado Social. Prende-se muito mais do que há dez anos, considerando os mais de 726 mil presos da atualidade; militariza-se a polícia; o ambiente carcerário passa a ser dominado por facções criminais e por igrejas neopentecostais que disputam espaço; e mantém-se presa sem julgamento o equivalente a 220 mil apenados, cumprindo a pena em regime provisório, de acordo com informações do Conselho Nacional de Justiça (2017). Todos esses fenômenos dão o tom da barbárie que se expressa no país em termos de segurança pública.

Longe de ser uma crise, esse quadro das instituições penitenciárias expressa, ao fim e ao cabo, um projeto de sociedade já que a ideia de "crise penitenciária" é regular e também útil aos argumentos conservadores de que se o crime avança, precisamos de mais prisões. Além disso, se na sociedade brasileira a base das relações sociais de gênero e raça/etnia têm um fortíssimo componente na violência estrutural, institucional e nas interações cotidianas, é possível dizer que as prisões acentuam, complexificam e institucionalizam esse fenômeno. Segundo o *Mapa do encarceramento: os jovens do Brasil* (Brasil, 2015), mais de 60% das pessoas presas são negras, e apesar de o número de mulheres privadas de liberdade representar somente 6,4% da população carcerária brasileira, em quinze anos o índice de aumento da população feminina foi de 567%, a maioria (68%) por relação com o tráfico de drogas (Brasil, 2014a). Além disso, o país tinha em 2014 a quinta maior população de mulheres presas do mundo (37.380 presas), que em sua maioria (68%) é também negra.

Ter esse contexto em mente ajuda a compreender a falência do discurso penitenciário, pois, como afirma Zaffaroni (1999), a existência das prisões no cenário brasileiro serve somente para punir aquelas/es que sofrem com a pobreza e a desigualdade socioeconômica, utilizando para esse fim o recurso à violência como promessa de fim da violência. Desse modo, a prisão não pode ser tratada somente em termos de política pública, mas, em vez disso, é pensada como *questão penitenciária* (Thompson, 2002) por se tratar de uma manifestação mais complexificada que aponta não apenas para a política como também para dimensões teóricas e concretas, para práticas, para modos institucionais de funcionamento, para o social, o cultural e o econômico das sociedades. A questão penitenciária, nesse caso, é imbuída também de um regime de corpo, gênero e sexualidade, que sendo claramente de dominação masculina, "encarcera objetivamente todas as pessoas, mas sobrepõe ao feminino uma orientação androcêntrica nas práticas e nas dinâmicas carcerárias", fazendo com que a prisão seja em si mesma (independentemente de ser um estabelecimento masculino ou feminino), "masculina e masculinizante em todas as suas práticas, sejam essas dirigidas a quem for" (Colares; Chies, 2010, p. 408) — ou, pelo menos nas maneiras como essas práticas foram categorizadas e sentidas.

Em relação às experiências sociais da população LGBTI privada de liberdade, entendo ser produtivo que pensemos logo de início algumas hipóteses mais globais para posteriormente olharmos para a "vida miúda". Elejo, por isso, alguns tópicos que incluirei aqui na forma de uma tabela sobre como é oferecido tratamento penal às pessoas LGBTI em outros lugares do mundo, considerando uma pesquisa que realizei sobre dados relativos a 20 países[3].

---

3. Os países não foram escolhidos previamente, embora eu tenha intentado encontrar informações de pelo menos cada um dos cinco continentes habitados. Permaneceram, no entanto, os 20 países sobre os quais consegui capturar informações que considerei suficientes para desenhar o tratamento penal daquele contexto nacional, isto é, sobre os quais obtive ao menos a resposta para 10 de 25 hipóteses que eu elegi. Esses dados foram obtidos tanto de documentos governamentais e publicações científicas até de notícias veiculadas por mídias digitais e impressas. Os países foram: Argentina, Austrália, Brasil, Canadá, Colômbia, Costa Rica, Cuba, Equador, Espanha, Estados Unidos da América, França, Honduras, Irlanda, Itália, México, Portugal, Nova Zelândia, Reino Unido, Turquia e Ucrânia.

Diversidade sexual e de gênero

Tabela 3. Tratamento penal destinado às pessoas LGBTI nas prisões (dados de diversos países)

DIMENSÃO DAS LEIS	
Parâmetros legais de atendimento	Somente 1/3 dos países possui orientações ou recomendações nacionais de como as pessoas de gênero ou sexualidade dissidente devem ser tratadas na prisão. A ordem frequentemente é não atender o nome social das pessoas trans e unificar gays e pessoas trans através de categorias homogeneizadoras.
Criminalização primária	Há criminalização primária de pessoas trans e homossexuais em 1/4 dos países (na forma de leis ou de propagandas de caráter lesbo-homo-bi-transfóbico). Apesar disso, há evidências em outros lugares sugerindo que pessoas trans e de gênero não conforme são hiperpoliciadas e presas.
Criminalização secundária	Foram encontradas informações de perseguição estatal indireta (por via dos operadores da justiça e segurança pública) em oito países, e mais fortemente quando essas populações fazem parte de outros segmentos potencialmente vulneráveis à seletividade penal (por serem negras ou pobres, por ex.).
DIMENSÃO DO APRISIONAMENTO	
Detenção e divisão por sexo	As mulheres trans ou travestis são presas em penitenciárias masculinas enquanto regra (em todos os casos), assim como homens trans nos presídios femininos enquanto regra. É feito sob duplo argumento: ou pela via do registro civil, ou pela via da genitália, ou por ambos.
Espaço de cumprimento da pena	Ainda que a regra geral encontrada seja a divisão por sexo, foram encontradas informações sobre celas, alas ou pavilhões específicos para alocar mulheres trans e travestis e homens gays somente em cinco países. Há casos excepcionais também de alocação de "maridos", como também há países que colocam essa população em solitárias ou celas de segurança.
Estereótipos e seletividade penal	Em dez países há casos de mulheres trans ou travestis que são presas junto aos criminosos sexuais ou com pessoas vivendo com HIV/Aids, por um lado, em razão do estereótipo, e por outro porque são as populações que as acolherão com maior facilidade.
DIMENSÃO DO TRATAMENTO PENAL	
Violência	A narrativa de experiências com a violência é geral, especialmente relacionadas à violência policial e de outros presos, de ordem física, psicológica e sexual. Em três países foram encontrados casos de tentativa de suicídio decorrentes dos abusos sofridos.
Deslocamento de cárceres	Em três países foram encontradas práticas de trocar as travestis, mulheres trans ou gays de presídio ou de cela como forma de punição por comportamentos considerados ruins. Também ocorreu de ser oferecida essa possibilidade em troca de favores sexuais com policiais.
Afetividade	É bastante comum e naturalizado que pessoas trans e gays possuam conjugalidades em presídios de homens ou de mulheres, construindo "casamentos" ou mesmo relações menos rígidas. Ocorre também de estabelecerem essas relações em troca de bens de consumo ou apoio.

Fonte: informações sistematizadas pelo autor e parcialmente publicadas (Ferreira, 2017).

Vemos assim que as prisões são, fundamentalmente, essencializadoras em termos de gênero e biologicistas, isto é, prendem as pessoas de acordo com uma informação biológica relacionada à categoria sexo (considerada "da natureza" das pessoas). Assim é que as mulheres trans ou travestis são presas em penitenciárias masculinas enquanto regra (bem como, evidentemente, os homens gays), enquanto homens transexuais são presos em penitenciárias femininas. O argumento utilizado pode ser tanto o "dado biológico", quer dizer, a existência, nos seus corpos, de um pênis ou de uma vagina, quanto o fato de a pessoa possuir um documento civil com um registro de identificação concernente a esse dado biológico. O "fetichismo fálico" (Welzer-Lang, 2001) é sem dúvida o que compõe a explicação do por que as travestis e mulheres trans não são presas em presídios femininos. A ideia de que elas poderiam vir a estuprar ou engravidar outras mulheres se constitui como o argumento central fundador dessa norma. Por outro lado, não são todos os lugares do Brasil que orientam o acolhimento, em presídios femininos, das travestis e mulheres transexuais que já tenham se submetido ao processo de cirurgia genital. Quando isso ocorre, os estabelecimentos prisionais tendem a combinar esse argumento a outro, o da identificação civil: aprisionam as pessoas, assim, de acordo com o "sexo jurídico", mas considerando que o mesmo sistema impede através de sucessivas dificuldades a retificação do registro civil de pessoas que não tenham passado pelo processo de cirurgia genital, vinculando, portanto, uma coisa à outra: sem "troca de sexo" (ou seja, "troca de genitália" como é pensando no senso-comum), não há troca de nome nem de sexo civil.

Essa regra, porém, é confirmada pela exceção. As mulheres trans podem também cumprir pena em penitenciárias femininas, *mas isso é incomum e não previsto*. Significa dizer que existem notícias de mulheres trans que, após privadas da liberdade, entraram com pedidos para irem presas em estabelecimentos femininos, mas essa não foi uma situação dada — e apenas para aquelas que já haviam se submetido à cirurgia genital ou que, além disso, tinham também conquistado o nome feminino no documento de identificação nacional. Evidentemente tenho que considerar que, no meio de tudo isso,

Diversidade sexual e de gênero

também existe muita confusão por parte das/os operadoras/es das prisões quanto às identidades de gênero dos sujeitos, de modo que nem sempre os argumentos utilizados para encaminhar pessoas a prisões de mulheres ou de homens são claros e estão fundamentados em uma perspectiva biológica do sexo/gênero. Frequentemente encontramos casos, por exemplo, de travestis serem tratadas como homens gays nas prisões masculinas e homens trans serem tratados como mulheres lésbicas nas prisões femininas.

Isso acontece porque as instituições carcerárias tendem sempre à homogeneização e à uniformização, de modo a fazer com que as pessoas presas sejam tratadas como "massa carcerária", sem identidade e muitas vezes sem nem mesmo nome. Alguns estudos (Passos, 2014; Zamboni, 2016) apontam que essa homogeneização em relação a homossexuais e pessoas trans se dá, nas prisões masculinas, *pelo uso da categoria "bicha"* — utilizada entre os presos para falarem tanto sobre travestis quanto sobre gays e sobre homens heterossexuais que estabelecem relações com travestis — *e pela nomeação das alas, celas ou galerias* onde ficam alocados esses sujeitos (alguns exemplos que já encontrei no Brasil e em outros países: ala arco-íris; das bichas; das travestis; ala gay; ala rosa; das monas; custódias; enfermarias rosas; espaço sem preconceitos; pavilhão da diversidade homoafetiva; tanques de gays). Já com relação às prisões femininas, considero que o tratamento de homens trans como se fossem mulheres lésbicas se dá muito mais por uma invisibilidade das identidades transmasculinas, que só mais recentemente se organizam em movimentos sociais e que possuem ainda menor representatividade midiática.

Mesmo assim, no argumento de diferentes profissionais que trabalham no cárcere, fica evidenciada a posição sobre o que define gênero ser o sexo, ou seja, os órgãos genitais externamente verificáveis, que enquanto permanecerem no corpo como "originais" não farão das mulheres trans "verdadeiras mulheres" e dos homens trans "verdadeiros homens". A saída então é prender gays e mulheres trans em celas, alas ou galerias separadas nos presídios masculinos, algo que vem aumentando no decorrer do processo histórico. O primeiro espaço destinado para travestis e mulheres trans em penitenciárias foi inaugurado em Minas Gerais (2009) — no Presídio de São

Joaquim de Bicas II (PRSJB II) e na Penitenciária Jason Soares Albergaria, ambos situados na cidade de São João de Bicas, e no Presídio de Vespasiano (PRVESP), todos na região metropolitana de Belo Horizonte — seguido do caso de Mato Grosso (Centro de Ressocialização de Cuiabá, 2011), Rio Grande do Sul (Presídio Central de Porto Alegre, 2012), Paraíba (Penitenciária Modelo Des. Flósculo da Nóbrega, 2013), Pernambuco (Presídio de Igarassu, 2014) e Ceará (Complexo Penitenciário de Itaitinga, 2015). A Bahia estuda essa possibilidade desde 2014, enquanto Santa Catarina, apesar de não possuir galerias/alas, recolhe travestis e mulheres transexuais em celas específicas dentro de determinadas galerias. Por sua vez, o Estado de São Paulo publicou a Resolução n. 11 de 2014 da Secretaria de Administração Penitenciária (SAP), enquanto o Estado do Rio de Janeiro editou a Resolução n. 558 (2015) da Secretaria Estadual de Administração Penitenciária (SEAP), inspirados pela Resolução Conjunta n. 1 de 2014 do Conselho Nacional de Combate à Discriminação (CNCD/LGBT) e do Conselho Nacional de Política Criminal e Penitenciária (CNPCP). As três resoluções dispõem sobre o tratamento de travestis e transexuais no âmbito penitenciário orientando para a criação de espaços específicos de cumprimento da pena.

O fenômeno da criação de celas, galerias, alas ou pavilhões para homossexuais e pessoas trans é, como vemos, bastante recente e ainda é uma situação de exceção. O Brasil tradicionalmente vinculou a criação dessas celas, na sua maioria, em galerias ou pavilhões direcionados aos homens que cometeram crime sexual, uma vez que nos presídios que dispõem dessas celas as travestis anteriormente permaneciam nas galerias desses homens — ainda que não tivessem cometido crimes deste teor. O argumento se relaciona à ideia de proteção (Ferreira, 2015b) já que é uma maneira de agrupar dois grupos historicamente marginalizados na prisão e que não são aceitos em outras galerias, o das travestis e o dos criminosos sexuais. A opção por manter pessoas trans e homossexuais em espaços seguros pode ser vista apenas como uma maneira de segregar um grupo que já está segregado, e até mesmo como uma política pública "preguiçosa" no sentido de não ser suficiente. Essa visão é, no meu ponto de análise, pouco compreensiva da

Diversidade sexual e de gênero

totalidade dessa situação, na medida em que a possibilidade de essas pessoas permanecerem em galerias ou alas específicas (quando não são congregadas aos criminosos sexuais) as mantém a salvo de diversas violências cotidianas, físicas, sexuais e psicológicas, de modo que para muitas é a única forma de sobreviver à prisão. No entanto, esse tipo de política não deixa de produzir efeitos inesperados ou mesmo contraditórios. Mesmo em instituições carcerárias que possuem espaços específicos para homossexuais e pessoas trans, é possível encontrar denúncias de maus-tratos e violações de direitos humanos, além, evidentemente, de não ser realmente suficiente enquanto política pública.

Na experiência porto-alegrense, por exemplo, avaliei que havia contradições implícitas na construção de espaço particular às travestis e gays, contradições essas que são inerentes às prisões pelo modo como operam através da violência (Ferreira, 2015b). O então Presídio Central de Porto Alegre (hoje denominado Cadeia Pública), ao estabelecer um lugar pretensamente seguro às travestis, homens gays e respectivos "maridos", fez também com que essa população ficasse impossibilitada de acessar determinados serviços na prisão sob o discurso da segurança, por não conter corpo técnico suficiente para acompanhar essas pessoas sem sofrerem violências dos outros presos. Assim, esse grupo deixou de acessar a escola (que servia igualmente para remição de pena) e o trabalho[4] (tendo que recorrer a alternativas de geração de renda bastante precárias), perdendo também algumas horas de lazer no pátio coletivo que dá acesso aos familiares e à luz solar. É, logo, um exemplo clássico de como a constituição de políticas pretensamente cidadãs é capturada pelos mecanismos de controle e repressão prisionais que com o novo cenário tem novas possibilidades de vigília sobre essa população, que também perde direitos.

As alas ou galerias acabam sendo, de alguma forma, úteis ao controle e à gestão prisional na medida em que, através delas, a prisão tem condições

---

4. Essas situações relacionadas ao trabalho e ao estudo só foram solucionadas quatro anos após a criação da galeria, mas podem muito bem ser ainda uma realidade em outros contextos.

de vigiar mais eficazmente a população gay e trans, fazendo com que suas orientações sexuais ou identidades de gênero contribuam para orientar as práticas institucionais em torno de modos e de condições de vida possíveis dentro do cárcere. Nas palavras de Gustavo Passos (2014, p. 94), "são técnicas cotidianas de fiscalização da fabricação de indivíduos úteis". É interessante, por outro lado, que não seja um requisito das prisões femininas esses tipos de alojamentos para os homens transexuais, já que, como vimos, suas identidades de gênero nem são validadas ou consideradas "de verdade". Outro motivo, ainda, é que nas prisões de mulheres são os homens transexuais (e também as mulheres lésbicas "lidas" como masculinas) os agentes da possibilidade de violência e detentores de um capital simbólico frequentemente disputado, de modo que eles não precisam ser "protegidos"; ao contrário, as narrativas a que já tive acesso é de que são cobiçados enquanto "maridos". Barcinski (2012) analisou um fenômeno próximo a esse, o de se "transformar em homem" na prisão, no qual algumas mulheres passam a ser reconhecidas enquanto "homens" (ou por categorias como "sapatão", por exemplo) sem, entretanto, reivindicarem juridicamente essa identidade de gênero. Nas palavras da própria autora, "assim como ter participado do tráfico de drogas aparentemente aproximava as participantes do 'mundo dos homens', ser reconhecida como homem em uma prisão feminina garantia a algumas mulheres os privilégios destinados socialmente aos homens" (Barcinski, 2012, p. 438)[5].

De volta às experiências de travestis e homens gays, verifiquei também que os seus comportamentos são vigiados na prisão desde questões maiores, como o trabalho que lhes é relegado até os relacionamentos que podem ou não estabelecer. Enquanto o restante dos presos possui, formal e institucionalmente, a possibilidade de se inserir em Protocolos de Ação Conjunta (PAC) de empresas que oferecem vagas de trabalhos, as travestis

---

5. É importante aqui salientar que o universo LGBTI pode ser também pautado e estruturado pela matriz heteronormativa. Os exemplos da hierarquia de gênero reposta pela masculinização das mulheres em prisões femininas, assim como da feminilização e vulnerabilização de gays e trans nas prisões masculinas, são bastante característicos desse fenômeno.

Diversidade sexual e de gênero

e os homens gays presos em galerias ou alas específicas têm essa alternativa mais ou menos restrita sob o discurso da proteção. Essa não é uma realidade nacional — pois cada casa prisional se organiza do seu jeito — no entanto, há fenômenos que se repetem em diferentes contextos, como a "divisão sexual do trabalho" que existe na sociedade e que aparece no cotidiano prisional: enquanto os homens cis heterossexuais (incluindo, portanto, os "maridos" das travestis) são responsabilizados pelo trabalho "pesado", as travestis e os gays frequentemente são as pessoas que cuidam das roupas ou da alimentação (e nas relações conjugais são os responsáveis por lembrar do uso do preservativo).

Não são apenas os mecanismos disciplinares da prisão que recaem sobre essas populações, mas também os olhares dos outros presos sobre suas manifestações e suas práticas sociais. Os relacionamentos entre travestis e seus companheiros, por exemplo, podem passar pelo crivo do chefe da galeria (em Porto Alegre, chamado de Prefeito), que é o preso que representa o interesse de todos os presos daquela galeria. Ele pode decidir sobre a viabilidade dos "casamentos" entre elas e seus companheiros, realidade que se aprofunda em prisões sem espaços específicos. Outra narrativa mais ou menos geral se relaciona com o abandono familiar experimentado pelas travestis — algo que é também vivido pelas mulheres cis heterossexuais ou pelos homossexuais. No caso das mulheres cis presas, o abandono pode ser considerado consequência de uma nova moralização direcionada a elas devido ao histórico de construção de gênero no discurso penal, que se expressa sob o eixo argumentativo de uma possível "natureza da mulher criminosa". Passam a ser vistas, assim, como transgressoras não só do ordenamento jurídico, mas de todo um sistema de significações que lhes é atribuído pela sociedade (Jardim, 2010): é que além de terem cometido um crime, romperam com o papel esperado da mulher, sendo vistas, por isso, como duplas transgressoras ao invadirem um universo que não lhes competiria em tese. Para as travestis e os gays (e para os homens que assumem relacionamentos com elas/es na prisão), o abandono familiar parece ser o reflexo de serem identificados por sexualidades e expressões de gênero dissidentes, o que confere à experiência de privação de liberdade um significado novo.

Muitas travestis no Brasil já relataram ter saído de casa ainda na adolescência (Benedetti, 2005; Kulick, 2008), em razão das brigas e discriminações sofridas na família (isto é, como fuga ou como expulsão). Posteriormente, a prisão se torna, para muitos de seus familiares, a "gota d'água" e o motivo que faltava para não estabelecer qualquer contato com elas. Já com relação aos seus "maridos", a ordem passa a ser alterada: o abandono familiar acontece depois de, na prisão, assumirem seus relacionamentos com as travestis publicamente. Considerados homossexuais, são rechaçados pela família e pelo resto da comunidade carcerária. Desse modo, se as travestis possuem algum tipo de vínculo familiar antes da experiência prisional (isso quando essa convivência não é cessada em razão de assumirem sua travestilidade), essa convivência é rompida ou fragilizada na prisão, pois aquilo que até então era pensado a respeito de suas sexualidades/gêneros ganha *status* de verdade: "a travesti é mesmo criminosa". Se o homem até então possui vínculo familiar mesmo depois de ser preso (e muitas vezes as visitas que recebe são femininas — esposa, mãe, irmã), isso é obliterado pela assunção de seus relacionamentos com as travestis e acabam sendo, ainda, excluídos pelos outros presos.

Os processos de adoecimento físico e psíquico na prisão igualmente são intensificados em relação às travestis e mulheres transexuais, gerados muitas vezes em decorrência de ataques às suas autoestimas pela situação de aprisionamento e pela situação de degradação dos prédios carcerários. A produção do corpo fica limitada a acessórios estéticos e cosméticos que podem ou não entrar na prisão através de familiares ou amigos. O recurso à hormonioterapia, embora regulamentado pela Portaria n. 2.803 de 19 de novembro de 2013 do Ministério da Saúde (que redefine e amplia a possibilidade de uso orientado de hormônios também por travestis, pois antes era apenas para transexuais), fica restrito ao processo transexualizador no âmbito do SUS, o que significa que toda pessoa trans, para ter acesso a esse processo (e, por extensão, à orientação médica quanto ao uso de hormônios femininos), precisa acessar os programas dos hospitais que tematizam essa questão — em outras palavras, a prisão não dialoga, ou dialoga muito pouco, com os serviços da rede socioassistencial e de saúde. Também não existe no âmbito criminal e penitenciário nada que regulamente ou defina uma atenção orientada à saúde da população LGBTI. Nem os programas de atenção integral à saúde gerenciados pelos departamentos de tratamento penal das secretarias de segurança, tampouco o Plano Nacional de Saúde no Sistema Penitenciário do Ministério da Saúde (Brasil, 2004) tematizam a saúde da população LGBTI encarcerada da maneira como seria necessário.

Significa dizer que as questões específicas à saúde da população trans, como o cuidado e orientação quanto ao uso de silicone (na maioria das vezes, industrial) e quanto à possibilidade de uso de hormônios não são, de maneira geral, reconhecidas e acolhidas pelas/os profissionais da saúde que trabalham nas prisões. Na verdade, segundo algumas narrativas coletadas (Ferreira, 2015b), nem se houvesse algum tipo de regulamentação elas teriam possibilidade de fazer uso dessas substâncias, uma vez que, segundo elas, os policiais militares seriam os primeiros a barrar a entrada de qualquer substância desse tipo, como elas acreditam que já acontece quando do ingresso, via familiares, de itens destinados à estética feminina. Isso porque, simplesmente, a polícia é resistente às mudanças corporais das travestis e transexuais, pois entendem que elas permanecem sendo "homens" em "verdade". Algo próximo pode acontecer aos homens trans, de modo que suas identidades também não são respeitadas e frequentemente são tratados como "sapatões" e não tendo acesso a recursos de transformação corporal.

Basicamente, além do preconceito, o que existe também é uma preocupação do Estado em tutelar o corpo das travestis e mulheres trans de tal maneira que a prisão se torna responsável por ele, o que significa não permitir que entrem medicamentos sem prescrição médica. Embora em liberdade as travestis e mulheres trans estejam acostumadas a fazerem uso de hormônios para terem o corpo mais feminino, na prisão isso não é possível porque: i) o Estado não oferece; ii) o Estado não se responsabiliza pelo uso orientado, e então não permite a entrada e não possui corpo técnico que saiba prescrever o uso; iii) o uso dos hormônios (normalmente em forma de pílulas contraceptivas) é encarado como algo moralmente errado, além disso, pela polícia, que evitaria ao máximo que esses medicamentos chegassem às travestis. A moralização e o preconceito não são, entretanto, somente das/os agentes penitenciárias/os: eles são reproduzidos também por técnicas/os — o que inclui as/os assistentes sociais. Como dito anteriormente, o atendimento técnico do serviço social às demandas sociais dessas pessoas na prisão pode funcionar tanto para protegê-las e garantir-lhes direitos, quanto para puni-las mais eficazmente através de mecanismos particulares de controle e repressão. A postura conservadora da profissão, nesse caso, pode assumir formas diversas.

A primeira delas, e talvez a mais polêmica, tem relação com a forma como assistentes sociais cooptam os discursos biologistas sobre gênero. No tempo presente, a reprodução desse tipo de discurso não é clara ou linear e nem mesmo é "limpa" no sentido de ser completamente biologicista; Linda Nicholson (2000) chama a atenção para este fato ao explicar que o determinismo biológico cedeu lugar ao fundacionalismo biológico, que permite ao mesmo tempo a coexistência de determinações da "natureza biológica" e de dados de comportamento, sem que o primeiro seja necessariamente responsável pelo segundo. Nas narrativas de assistentes sociais sobre mulheres transexuais e travestis, por exemplo, já identifiquei o aparecimento de um discurso que utiliza o dado biológico para justificar que a pessoa é "na verdade", "lá no fundo" e "ainda assim", "homem". Esse argumento coexiste e é relativizado em razão dos comportamentos tidos como "de personalidade": a ideia de mulheres serem superficiais, por exemplo. Assim, a pessoa pode concluir, ao mesmo tempo, que existe uma verdade sobre o sexo da travesti e que essa verdade imaculadamente diz respeito a um "ser homem" anterior; e que esse fato da natureza não é relevante ao determinar o comportamento da travesti, a ponto de dizer, por exemplo, que a travesti "nem parece homem" — quando identifica um comportamento que se nota tipicamente feminino. Nada mais representativo do fundacionalismo biológico, que nesse caso evoca um aspecto biológico ao mesmo tempo em que também essencializa e estereotipa um comportamento como representativo do gênero feminino a fim de desqualificá-lo — estereótipo que funciona também para naturalizar essas características como biologicamente femininas (Carrara *et al.*, 2009).

A outra forma de expressão da postura conservadora da profissão que considero importante não deixar passar se relaciona com o perigo de institucionalização das práticas profissionais pelo cotidiano alienador e profícuo de punitivismo. Em outras palavras, é muito fácil que as/os assistentes sociais (bem como as outras profissões que atuam na prisão) sejam cooptadas/os pelo discurso punitivo e que, engolidas/os pela lógica institucional, acabem dando pouca importância às necessidades das pessoas presas (particularmente em relação aos sujeitos LGBTI, que tratem suas demandas como superficiais diante de um cenário de tanto horror e carências como é o das cadeias brasileiras). Sobre isso e, finalizando o capítulo, quero ficar com Yolanda Guerra (2002, p. 181) que defende a vida cotidiana, a um só tempo, tanto como espaço da repetição, da ultrageneralização, da padronização e das regularidades (por isso como espaço da particularidade) como também como local onde residem as possibilidades históricas, como "substância da história": "se é no cotidiano profissional do assistente social que a sua instrumentalidade se materializa, desse mesmo cotidiano emergem mediações que lhe requisitam níveis de racionalidade mais elevados". Meu desejo é que consigamos suspender temporariamente as atividades da vida cotidiana na busca da universidade, mas que não percamos de vista também o potencial transformador que a vida cotidiana implica.

Capítulo 7
Socioeducação, gênero e sexualidade

De formas muito próximas às prisões para adultos, os serviços e casas de atendimento socioeducativo para adolescentes em conflito com a lei também exercem punições particularizadas para as pessoas LGBTI. Por outro lado, a expressão da sexualidade, do afeto e da identidade de gênero passa por um controle mais rebuscado e fortalecido que toma a criança e a/o adolescente como ausente de sexualidade e de possibilidade de autonomia. O serviço social cumpre papel importante na afirmação de direitos dessa população, reivindicando o exercício da sexualidade e a possibilidade de adolescentes transgênero cumprirem a medida socioeducativa em estabelecimentos de acordo com a sua identidade de gênero. Essas posições da profissão, entretanto, são desafiadoras em um contexto de pouquíssimo conhecimento dessa realidade (já que os serviços de atendimento socioeducativo raramente pautam o debate da diversidade sexual e de gênero) e de intensa moralização em relação ao acautelamento de jovens.

Em termos gerais, os temas das identidades sexuais e de gênero em relação às juventudes assumem, no tempo presente, distanciamentos e convergências quando pensados em termos de vulnerabilidades e de escassez de cidadania (Sales, 2004), produzidas pela miséria com que têm sido tratados os direitos humanos de jovens LGBTI. De acordo com Pocahy e Nardi (2007, p. 47), a "discussão da livre expressão da sexualidade como um direito de cidadania é particularmente relevante no caso brasileiro, pois as marcas da desigualdade social reforçam aquelas da discriminação ligada à orientação sexual e às performances de gênero". Assim como a sexualidade e as identidades de gênero trans de um modo geral são mais fortemente discriminadas, a população jovem brasileira é também atingida por inúmeros aparelhos de controle que se inscrevem nos mais diversos âmbitos: sobre o corpo jovem, na perda de autonomia, na subjetivação da sexualidade, nos espaços de trabalho que poderá ocupar, na convivência familiar, nas classes escolares, a favor de uma determinada conduta religiosa etc. É um período da vida "marcado por restrições jurídicas e morais, além de negligenciado do ponto de vista das ações no campo da saúde pública (com exceção das intervenções de prevenção da gravidez)" (Pocahy; Nardi, 2007, p. 46).

É nesse sentido que Sales (2004, p. 40) afirmará a "infância e adolescência como uma das fases mais pungentes da questão social", já que a juventude brasileira se apresenta como um dos segmentos populacionais mais vulnerabilizados pela atual conjuntura econômica, política, social e cultural do país. Segundo Gershenson *et al.,* tal vulnerabilidade

> [...] se evidencia pelas atuais expressões da questão social que afetam este segmento, quer pela falta de perspectivas de inserção no mundo do trabalho, quer pela ausência de políticas sociais de caráter universal que considerem as demandas por direitos da juventude em sua heterogeneidade. De modo geral, os jovens passam despercebidos pelas estruturas do Estado, sendo muitas vezes excluídos por não corresponderem aos "padrões de comportamento" desejados pela sociedade, consolidando a negação do direito ao acesso de bens e serviços socialmente produzidos. Desta forma percebe-se uma (in)visibilidade juvenil, uma vez que as políticas públicas destinadas a esta população são seletivas e não absorvem todas as suas demandas. Faz-se necessário então, pensar políticas públicas que deem conta desta demanda e que realmente possam materializar direitos em um contexto de violações (Gershenson *et al.,* 2010, p. 2.441).

Além disso, a forma que a juventude é pensada na contemporaneidade é muitas vezes atravessada por preconceitos, já que, por ser compreendida como uma fase de vida de transição, o sujeito jovem nunca *é*, mas *virá a ser*, negando-se o presente (Dayrell; Gomes, 2009). Também é reducionista o olhar sobre a juventude se a interpretamos como um problema, "ganhando visibilidade quando associada ao crescimento alarmante dos índices de violência, ao consumo e tráfico de drogas ou mesmo à expansão da AIDS e da gravidez precoce, entre outros" (Dayrell; Gomes, 2009, p. 2). Especialmente nesses aspectos, é interessante perceber o que o imaginário social capta quando do cometimento de um ato infracional por um sujeito jovem: os contextos de violência, de desigualdade social, de escassez do acesso a bens e serviços ou de necessidade de poder de consumo raramente são desvendados, colocando a/o jovem na maioria das vezes como a/o única/o responsável e focalizando a vulnerabilidade na sua dimensão apenas individual. Quanto à segurança pública, também não é tranquila a relação estabelecida com as juventudes já que muitas vezes elas serão tratadas do ponto de vista do estigma de marginalidade, e qualquer atitude desses sujeitos podem se estabelecer como intenções de subversão e de desordem.

Considerando que a diversidade sexual e de gênero e as juventudes, nesse sentido, são objetos de um processo equivalente de moralização provenientes da reprodução de preconceitos, é possível entender porque, ainda hoje, são dimensões da vida extremamente criminalizadas e discriminadas. Isso, no entanto, pode ser entendido também como produto de uma sociedade de caráter positivista, balizada por valores neoliberais e herdeira da moral judaico-cristã, que não permite a visibilidade desses grupos alijados de representação política. Ao mesmo tempo, nossa sociedade os mantém nesse processo social como responsáveis pela existência de uma parte da própria violência, apelando por respostas simplistas a fenômenos tão complexos. A população jovem LGBTI, assim, aparece como um grupo social privilegiado para sofrer o hiperpoliciamento e o assédio de instituições escolares, judiciais e religiosas; se não é esperado que as juventudes exerçam a sexualidade, tanto menos é bem acolhida a ideia de que jovens a exerçam com pessoas de mesmo sexo/gênero, ou que expressem suas identidades de gênero fora da cisgeneridade. Na verdade, parece que o investimento conservador neste caso justamente ataca a possibilidade de existência de crianças e jovens que não sejam heterossexuais ou cisgêneros, já que essa seria uma decisão que caberia somente "às pessoas adultas".

Sustenta-se, além disso, um tipo de argumento que procura manter crianças e adolescentes distantes de expressões e representatividades LGBTI, pois estas ao verem esse tipo de representação, poderiam ser levadas a se tornarem homossexuais ou transexuais — uma espécie de temor de "conversão", por mimetismo, da hetero/cissexualidade "naturalmente" presente. Se relaciona com isso também a conexão íntima entre pedofilia e homossexualidade, já bastante antiga no imaginário social e que reaparece sempre que é oportuno incriminar a população de gênero e sexualidade dissidentes como culpada por "macular nossas crianças", que em tese não pensariam e experimentariam sobre seus próprios corpos, gêneros e sexualidades até que houvesse algum adulto para corrompê-las. Por outro lado, quando a criança passa a adolescente (e se ela faz parte das classes pobres e além disso é também negra), o véu de proteção por um milagre desaparece e ela então pode ser punida por ter sexualidade ou gênero desviantes e tentar expressá-los sem ter a suposta idade suficiente para isso. Há casos emblemáticos a esse respeito: o da professora de uma creche em Goiás que lavou com água e sabão a boca de um dos seus alunos por ter visto ele beijando outro menino; ou o da diretora de uma escola que fez com que um menino andasse carregando um cartaz escrito "eu sou gay" (Ecodebate, 2011).

Entender a profundidade e a motivação dessas violências específicas requisita, portanto, pensar sobre a situação de alijamento a que estão sujeitos determinados gêneros e sexualidades performatizados e expressos pelas juventudes. Se considerarmos o preconceito sofrido pelas juventudes de acordo com o imaginário social que produz significados sobre essa fase da vida e que adiciona a elas a incapacidade de escolha, de autodeterminação e de gerência sobre o corpo e a mente, será fácil perceber o quanto a violência praticada contra jovens LGBTI pode parecer impune e o quanto, também,

Diversidade sexual e de gênero

a segurança pública pode ser omissa ou mesmo aliada no processo de incriminação desses comportamentos. Mione Sales (2004, p. 86), ao discutir a experiência social do ato infracional praticado por adolescentes, analisa a exibição midiática a que estão expostas as vidas e trajetórias dessas/es jovens como modelos contra-hegemônicos, "sendo eventualmente elevados à condição de espetáculo, quando suas ações expressam-se coletivamente, associadas à prática de violência, a revoltas e rebeliões". O mesmo exemplo pode ser usado para questionarmos a visibilidade que a população jovem LGBTI recebe nos meios de comunicação e nas diversas instâncias da esfera pública ao se tornarem manchetes de jornal sempre, ou na maioria das vezes, como autores de práticas de violência, devassidão, desordem, transgressão, balbúrdia e insubmissão. O olhar sobre essa juventude em particular, assim, não é outro senão o vigilante e punitivo, pois não só sua fase de vida pretensamente inexperiente e irresponsável é controlada como também sua sexualidade e gênero são tidos como imorais, anormais e delituosos.

Quais seriam as condições de jovens LGBTI, tendo em consideração essas premissas, nas instituições de cumprimento de medidas socioeducativas? Vidal e Cunha (2016, p. 152) analisaram situações de acautelamento de adolescentes trans que experimentaram violências sexuais e consequentemente isolamentos, e afirmam que "a situação de violência constante enfrentada pelas adolescentes travestis e transexuais no sistema socioeducativo" nunca é um caso isolado quando estas são obrigadas a cumprir internação em centros masculinos, de modo que são "constantemente agredidas nos centros em que se encontravam instaladas". Segundo as mesmas autoras, apesar dessas situações de violação de direitos, a resistência a encaminhar essas adolescentes trans a unidades femininas sempre foi sustentada sob o mesmo argumento utilizado pelas prisões de adultos: a possibilidade de elas engravidarem adolescentes cis. Estudando o caso de um juiz que se negou a encaminhar uma menina transexual a unidade masculina, Vidal e Cunha (2016, p. 155) concluíram que

[...] a equipe técnica da unidade elaborou um relatório apresentando suas primeiras observações acerca do caso [de cumprimento de medida em unidade feminina da adolescente trans], bem como os acontecimentos que marcaram o início do acautelamento. O conteúdo do relatório apontava para uma abordagem reducionista, provavelmente devido à falta de experiência das equipes em face da particularidade do caso. Observou-se a apropriação de falas e episódios da vida da adolescente de forma descontextualizada, o que pode implicar, via de regra e entre outras consequências, a deslegitimação de sua experiência. Ademais, a hipersexualização de episódios vivenciados pela adolescente conduziu a estruturação do relatório, que reservou apenas um parágrafo para relatar o bom relacionamento da socioeducanda com as demais adolescentes.

Em outro texto, Nicácio e Vidal (2016, p. 46) tomam nota do ingresso de uma adolescente trans em unidade masculina. Segue-se então uma narrativa muito próxima àquela experimentada pelas travestis privadas de liberdade em cadeias: "a adolescente tem seus cabelos cortados, suas roupas femininas trocadas por vestimentas masculinas e sua maquiagem e acessórios retirados [sendo] levada a um centro [...] masculino, cuja lógica [...] é, via de regra, a do sexo biológico". Após interposição de pedido judicial para que seja transferida à unidade feminina, segue-se a narrativa do estranhamento e constrangimento originados da equipe técnica que a recebeu. A primeira atitude pensada é encontrar um lugar individual para alojá-la (de modo que não pudesse manter relações sexuais com outras adolescentes) e em seguida interroga-se sobre quais agentes socioeducativas irão revistá-la, já que algumas se negam.

> A supervalorização do pretenso apetite sexual da adolescente travesti causa perplexidade e parece reafirmar um preconceito antigo: travestis e transexuais vivem do desejo e para ele, somente. No caso da experiência trans vivenciada pela acautelada, faz-se abstração da condição de "adolescentes" de todas as demais socioeducandas, em que a vivência sexual se alia à descoberta de si e de um mundo novo [...]. A presença de um órgão reprodutor masculino incomoda, a despeito dos jeitos e trejeitos tipicamente femininos. Ao passo que o tratamento pelo nome social é respeitado sem maiores dificuldades, não tardam queixas por parte da equipe de que a acautelada reclama para si um

tratamento de "privilégios". Até então não reclamado ou levado até as últimas consequências, o direito ao pleno reconhecimento da identidade de gênero da adolescente confronta, constrange e confunde. Sobretudo porque se trata de uma adolescente em conflito com a lei, a quem o Estado confisca parcela importante de liberdade e autodeterminação (Nicácio e Vidal, 2016, p. 47).

Interessante que a instituição socioeducativa prevê a possibilidade de intercursos sexuais sempre do ponto de vista da heteronormatividade (se ela é "no fundo um menino" e possui pênis, logo, fará sexo com as meninas) mas nunca pensa que isso acontece entre os adolescentes nos centros masculinos e entre as adolescentes nos centros femininos. Aliás, erro meu: tanto sabem que isso é uma possibilidade que perscrutam o quanto podem os comportamentos dos e das adolescentes, de modo que um simples cruzamento de pernas entre meninos enquanto conversam provoca a necessidade de serem chamados à uma entrevista com a equipe técnica — para não falar dos casos em que meninos são levados a verdadeiras solitárias por ter havido beijo ou sexo entre eles, recebendo assim uma punição por expressarem desejo. É comum, também, que se são vistos mantendo algum tipo de relacionamento afetivo ou sexual, isso é tratado sempre ou na maioria das vezes como abuso ou assédio sexual — novamente demonstrando o pensamento de que adolescentes não conseguem decidir sobre exercerem as suas sexualidades.

De novo e ainda sobre a questão trans, as similitudes das experiências das jovens com as das mulheres trans e travestis na privação de liberdade adulta são assustadoras. A hipersexualização colada à identidade da jovem da narrativa anterior também é colada sobre as travestis em presídios, o que leva a serem responsabilizadas pelas violências e abusos que possam vir a sofrer ("se foi assediada é porque saiu no corredor de roupa curta, provocou", como já ouvi muitas vezes de policiais e também de técnicas penitenciárias[1]);

---

1. Esse fenômeno repete um discurso sobre mulheres cis que "provocam" os homens que as assediam/violentam. Neste ponto se percebe como o reconhecimento do feminino em um sujeito o vulnerabiliza em um contexto de heteronormatividade sexista e misógina, aproximando as experiências de mulheres cis e trans.

a noção de que essas pessoas trans requerem para si privilégios no cumprimento da medida (quando jovem) ou pena (quando adulta) também se repete, muito em razão de terem demandas particularizadas que são tratadas como superficiais, e por isso, "privilégios" não garantidos ao restante das pessoas (como ter um espaço especial destinado a elas). É claro que essas narrativas não percebem que essa população requer demandas específicas por estarem também "especificamente" no social e experimentam processos de vulnerabilidade social particulares decorrentes de preconceitos de gênero e sexualidade, como, por exemplo, o fato de que também entre as travestis adolescentes a prostituição é a principal referência estigmatizante — mesmo para aquelas que não se prostituem (Duque, 2009).

Pereira (2016, p. 33) observa, por outro lado, que a ausência de debate sobre diversidade sexual e de gênero nos documentos legais que falam sobre os direitos de jovens e adolescentes também contribui para gerar confusão entre agentes da socioeducação sobre o que é delito, o que é direito e o que é privilégio. Segundo a autora "a falta de elementos específicos no Estatuto da Criança e do Adolescente [...] que garantam o exercício da sexualidade desses adolescentes gera inúmeras discussões sobre o que de fato se constitui como direitos ou como regalia", mas isso não impede que as/os adolescentes exerçam a sexualidade mesmo assim, ainda que tenham de enfrentar depois o poder, a disciplina e a repressão institucionais. Em outras palavras, as/os adolescentes resistem ao controle institucional mesmo que depois sejam punidas/os, porque afinal de contas não existe outra escolha para elas/es quando se trata de exercer algo tão fundamental para qualquer sujeito quanto a sexualidade e a identidade de gênero.

Apesar das lesbo-homo-bi-transgeneridades serem legítimas no espaço das instituições socioeducativas — isto é, essas pessoas existirem — muitas vezes são tratadas através da violência, inclusive a sexual, por meio do sexo não consensual. Nascimento (2010) e Pereira (2016) observam, através das narrativas que recolheram de adolescentes acautelados, que o sexo entre os meninos é justificado como uma necessidade biológica e de satisfação de desejo sexual, já que muitos não possuem direito à visita íntima e permanecem

Diversidade sexual e de gênero

em abstinência. Entretanto, os adolescentes evidenciam que cumprem o papel sexual de "ativos" nesses intercursos sexuais, e que por isso não é errado transar com outros homens — desde que você não seja "a bicha" da relação (Nascimento, 2010). Essas relações sexuais, por isso, ocorrem com ou sem consentimento daquele que cumpre o papel "passivo" no sexo, já previamente identificado como "bicha" ou "viado" pelos seus comportamentos e performances de gênero serem considerados mais femininos.

> Nas relações sexuais entre homens nos espaços de privação de liberdade, cabe destacar que aquele que detém o papel sexual de "passividade" é também estigmatizado, enquanto o "ativo" consegue aumentar sua imagem "de macho viril" à medida que "come as bichas da cadeia". Nas palavras de um dos meus interlocutores, "se é bicha, tem que ser a mulherzinha de todos nós mesmo, e bicha é ouro na cadeia" [...]. É comum que um adolescente rotulado pelos demais a partir de seus comportamentos "ditos femininos" ou "homossexuais" sofra abusos dos outros internos. Uma vez visualizado pelos demais como "gay", ou até mesmo quando este confirma sua orientação sexual, esses indivíduos, segundo os internos, passam a ser "a mulher da casa". Destarte, "as bichas da cadeia" são consideradas "ouro" entre os internos pelo valor de sua utilidade, pois, além do papel sexual de passividade nas relações homoeróticas, elas são direcionadas a fazerem os trabalhos para os internos, como, por exemplo, lavar suas roupas e arrumar as alas. Em troca disso, os adolescentes que se autodenominam como "machos" zelam por sua proteção e dão-lhes agrados, como caixinhas ou objetos feitos de artesanato (Pereira, 2016, p. 39-40).

Vemos que também sobre esse assunto as similitudes com a prisão para adultos são grandes — tanto é assim que o interlocutor da narrativa acima identifica o espaço de cumprimento da medida socioeducativa como uma cadeia. Aqueles que são identificados como parte do feminino, passam a cumprir um papel de gênero na divisão do trabalho (lavar roupas, arrumar o espaço) e um papel de subordinação sexual, ficando à mercê de todos os adolescentes daquela ala que passam a subjugá-los pela violência, mas também pelo assédio sexual. É novamente uma repetição do paradoxo estabelecido na sociedade entre desejo e abjeção: rejeitam homossexuais ou pessoas trans (não importa se tem a ver com a identidade sexual ou a de gênero, pois são identificados como "bichas") isolando-os (solicitando que sejam encaminhados para "seguros") e fazendo piadas com eles, por um lado, e abusando sexualmente deles (às vezes com a participação de agentes) por outro lado. Esse duplo "abjeção/desejo" tem sua raiz na misoginia e na dominação masculina, o que novamente demonstra a relação intrínseca entre gênero e sexualidade.

Esses fenômenos de violência e violações de direitos humanos são, assim, mantidos pelo poder regulatório do Estado e se concretizam através de um aparelho que regula os comportamentos dos jovens LGBTI socioeducandos, sustentando através dessa regulação o discurso da segurança pública, da proteção e da moralidade — mas ao mesmo tempo os próprios agentes do Estado "fazem vista grossa" para os casos em que homossexuais e pessoas trans adolescentes são expostas à violência sexual e de gênero, "possivelmente por acreditarem que seja correto tratar homossexuais desta maneira e/ou não pretenderem criar atritos com os adolescentes da ala" (Nascimento, 2010, p. 76). Nesse sentido, torna esses mesmos sujeitos invisíveis quando se trata de atender suas necessidades humanas e demandas sociais, argumento que não passa de "regalia" o que requerem (como por exemplo, um quarto individual), contribuindo, por isso, para a reprodução e expansão de discriminações baseadas no cissexismo e na heteronormatividade.

O trabalho da/o assistente social nesse contexto é pleno de desafios, mas desafios necessários e urgentes. Enquanto categoria profissional, não podemos permitir que essas situações permaneçam e tampouco podemos relativizar as violências passadas pelas juventudes LGBTI em conflito com a lei. Ao mesmo tempo em que lutamos para garantir e reconhecer que as pessoas têm direito a exercerem suas diversas sexualidades (consensualmente) e identidades de gênero, é preciso que aprendamos a identificar relacionamentos abusivos e situações de subjugação erótica. E não há melhor jeito de fazer isso senão ficando próximo aos sujeitos que atendemos. A minha experiência demonstrou que, de forma geral, assistentes sociais são engolidas/os pela carga de trabalho em instituições de privação de liberdade, ao ponto

Diversidade sexual e de gênero

de nem mesmo conhecerem os sujeitos que atendem ou que "leem" através de processos judiciais; além disso, pelo peso que é trabalhar nesses tipos de estabelecimentos, a institucionalização das/os profissionais, o pensamento comum e imediato, a ultrageneralizado, a banalização e naturalização das violações de direitos humanos e o tratamento estereotipado ou preconceituoso (acompanhando mesmo as chacotas ou as narrativas de violência de outros usuários) são lugares-comuns no cotidiano de intervenção. Superar esses fenômenos tem sido tarefa difícil, mas o momento exige força para continuar essa batalha. Estabelecer alianças com profissionais de outras áreas que também demonstrem preocupação com essa questão e trabalhar com a educação em gênero e sexualidade (tanto para as/os jovens em cumprimento de medida quanto para as/os agentes educadoras/es) vem sendo a minha aposta, mas também vale denunciar as situações de violência e discriminação em organismos de defesa dos direitos humanos, acionando o ECA e a lei que institui o Sistema Nacional de Atendimento Socioeducativo (SINASE).

Conclusões

Procurei, nessas poucas linhas, trazer para o debate um pouco dos fenômenos que se relacionam com as experiências sociais da população LGBTI em conexão com o Poder Judiciário, Criminal e Penitenciário e com as políticas e instituições de socioeducação e de segurança. A minha intenção não foi fechar o debate, mas, ao contrário, abri-lo para que possamos refletir muito mais sobre esse tema que ainda expressa uma lacuna na produção de conhecimento em serviço social. Sei que a possibilidade de escrever este livro, como já disse, faz parte de um momento histórico específico e, como tal, faz parte das maturações particulares desse tempo que possibilitaram com que a gente visse, como nunca, a afirmação dos direitos humanos de pessoas cujos gêneros ou sexualidades são considerados desviantes em relação à matriz heteronormativa ocidental.

Mas ao mesmo tempo em que vemos afirmação de direitos, vemos também a negação dos direitos. Salienta Guilherme Almeida (2013, p. 77) que a agenda política brasileira é permeada por uma frente religiosa conservadora, aliada do grande capital nacional e internacional, cuja intenção é desmontar os direitos sexuais e de gênero já efetivados, reforçando "as bases de um projeto de sociedade que afeta diretamente vários grupos socialmente discriminados" entre eles, é claro, os grupos de LGBTI. Esse cenário é próprio de um momento de disputa por hegemonia como o da atualidade; se vemos mais representatividade LGBTI nas novelas e nos programas de televisão, mais debate público nas escolas e universidades, mais pesquisa científica sendo produzida, tanto mais veremos ataques à essas populações que são mascarados de "opinião", de "bem comum", de "proteção" às tradições e à família.

O livro, como vimos, se divide em alguns eixos de análise inspirados naqueles da publicação de 2014 do Conjunto CFESS-CRESS intitulada "Atuação de assistentes sociais no sociojurídico: subsídios para reflexão". Nela, o exercício profissional é dividido entre alguns campos de atuação diversos: o Poder Judiciário, o Ministério Público, a Defensoria Pública, as prisões, as instituições socioeducativas, as instituições policiais e os serviços de acolhimento institucional e familiar (Brasil, 2014b). No entanto, e apesar de concordar que o gênero e a sexualidade aparecem "em todas as coisas" para quem está disposta/o a analisar essas categorias no cotidiano, pretendi trazer debates sobre as principais manifestações da questão social que tematizam o gênero e a sexualidade no sociojurídico e que, por consequência, demandam respostas da profissão. Tais demandas se expressam sob as mais diferentes formas: nas situações envolvendo violência de gênero e contra LGBTI; por meio da reivindicação em tipificar a natureza lesbo-homo-bi-transfóbica dos crimes de ódio, que ainda encontra intensa resistência das/os trabalhadoras/es das delegacias de polícia, levando essa questão, por isso, ao debate público dos setores envolvidos com a política criminal e de segurança pública; nos processos de retificação do registro civil de pessoas trans que ingressam no Poder Judiciário; nos processos envolvendo a guarda familiar e a adoção por casais homossexuais; através do tratamento penal particularizado oferecido para as pessoas presas em razão das suas orientações sexuais ou identidades de gênero, que acabam ingressando na prisão de uma forma específica e passam depois por sobrecargas penais (torturas e violências) nas suas experiências com o cárcere; e no acolhimento institucional de adolescentes em conflito com a lei que também experimentam discriminações decorrentes da lesbo-homo-bi-transfobia, violências e violações de direitos.

Por isso, os significados de justiça, de ordem pública, de cidadania e tantos outros estão em disputa socialmente e, por isso, atravessam o cotidiano político-institucional na Defensoria Pública, no sistema penitenciário, nos programas da política pública de segurança, nos tribunais, nas polícias, nas entidades de acolhimento institucional, nos conselhos profissionais, no Ministério Público, na socioeducação. Também estão sempre em disputa outras concepções: de trabalhador/a, de trabalho, de criança, de negritude, de adolescente, de policial, de periferia, de velhice, de "bandido", de família, de mulher, de servidor/a da justiça, de pessoa com transtorno mental, de favela, de pessoa com deficiência, de pobre, de assistente social, de papel do Estado etc. A forma jurídico-institucional de se referir a elas expressa uma visão que, por sua vez, está condicionada a determinado contexto histórico, com tendência à defesa dos interessantes das classes dominantes (Brasil, 2014b, p. 20-21).

Para que a nossa categoria profissional possa, assim, realizar as mediações necessárias entre as requisições da população atendida e as concepções institucionais sobre quem demanda justiça e segurança, precisamos estar frequentemente ouvindo aquilo que os movimentos da sociedade dizem ser importante e prioritário. Temos que ter em conta, por outro lado, que também as reivindicações desses movimentos sociais expressam interesses de classe e são atravessados por articulações de geração, étnico-raciais, de diferenças territoriais, de interesses político-ideológicos etc. No cenário político contemporâneo, vimos que as principais lutas dos movimentos sociais no âmbito sociojurídico dizem respeito à criminalização da lesbo- -homo-bi-transfobia, ao casamento e adoção de homossexuais e à retificação do registro civil de pessoas trans.

Na verdade, ouvimos dos movimentos sociais sobre uma demanda por criminalização da "homofobia", que já é um conceito marcado por gênero pois ouvimos menos sobre criminalizar a transfobia, a bifobia ou a lesbofobia. Na verdade, o Brasil é o país que mais mata pessoas trans no mundo inteiro, conforme os dados anteriormente mencionados; e por que então a maior parte dos movimentos liderados por mulheres trans e travestis não tem a bandeira da criminalização? Do meu ponto de vista, porque elas mesmas sofrem com o populismo punitivo que busca recurso na prisão, já que são facilmente selecionadas como classe perigosa e como sujeito punível (pelo trabalho que a esmagadora maioria exerce, pelos locais que vivem ou simplesmente porque possuem identidades criminalizáveis e tratadas do ponto de vista do desvio). Elas sabem que a prisão não é ressocializadora e muitas que vivem nas periferias estão acostumadas a terem a prisão como extensão das suas sociabilidades. É, portanto, uma bandeira marcada também por classe social — e eu não estou dizendo com isso que é legítima ou ilegítima a luta por criminalizar a homofobia, mas sim analisando como esses marcadores sociais dão o tom dos processos políticos dos ativismos.

O debate sobre a "homoafetividade", o casamento e a adoção entre casais homossexuais, são também demandas de parcela dos movimentos LGBTI e surge igualmente dentro das ciências jurídicas e sociais, mas acaba sendo mais interessante à uma parcela específica dessas pessoas LGBTI, que tem acesso a esses direitos com mais facilidade se for de um ponto de vista que normatiza e higieniza, que é o ponto de vista *do afeto* — ou seja, lésbicas, gays, bissexuais, travestis, transexuais e pessoas intersexo "também amam". Entretanto, por ser da ordem dos direitos, não devemos tratar o tema através dessa promessa de amor ou de felicidade (algo que indica sobre nossos julgamentos morais e sobre a nossa individualidade); propus, por isso, que a própria ideia de família fosse complexificada e que pudéssemos, através dela, não comprar nenhum argumento extremista — nem aquele que advoga pela legitimidade consanguínea, nem aquele que advoga pela perspectiva romântica.

Já a demanda que é mais específica da população trans, que é o direito ao uso do nome social, historicamente têm convivido com processos de avanço e retrocesso, a ponto de, na contemporaneidade, praticamente não ter saído do mesmo lugar de invisibilidade, de carência legislativa e de necessidade de resistir aos moralismos e conservadorismos de um direito brasileiro personalista. O nome só é retificado, como vimos, através de processo judicial (e cada juiz/a tem tratado essa demanda do seu jeito), e apesar de termos no Brasil uma proposta de lei baseada na autodeterminação de gênero (quer dizer, na ideia de que a pessoa não precisa de um parecer técnico para determinar quem ela é, tampouco precisa ser tratada como doente), essa proposta não tem sido movimentada já que o argumento comum é de que isso levaria à uma banalização da troca de nome e que pessoas cisgênero buscariam essa possibilidade para fugir de compromissos jurídicos atrelados ao nome que tinham, ou então para ascender a benefícios sociais (como, por exemplo, o fato de que pessoas do "sexo jurídico feminino" no Brasil podem se aposentar mais cedo).

O ato de definir determinadas lutas como prioritárias e não outras também encerra questões "de fundo" e contradições fundamentais à emergência dos movimentos LGBTI no Brasil. As primeiras organizações LGBTI brasileiras surgiram em meados da década de 1970 muito imbuídas por uma noção fixa em relação às identidades, pois esses sujeitos naquele dado momento histórico eram delegados ao gueto, e era no gueto que elas e eles tinham acesso à liberdade de expressão identitária, erótica e afetiva — não era na praça, no trabalho ou na família. Havia, naquele contexto, uma ideia de que "sair do armário" era assumir uma identidade e a partir de então se reconhecer daquela forma. Com a emergência de novos movimentos políticos nos Estados Unidos (os chamados ativismos *queer*), surgem no Brasil novas ideias sobre como as identidades podem ser encaradas de maneiras mais processuais, fluidas e menos fixas, dando eco ao que muitas pessoas já sentiam naquele momento de que a ideia do gueto já não dava mais conta — e por isso também as políticas públicas precisavam ser repensadas. Passa a conviver dois grupos mais ou menos opostos de ativistas e pesquisadoras/es que começam a desenhar suas lutas sociais ou do ponto de vista identitário, ou do ponto de vista, "pós-identitário".

Essas contradições, próprias do movimento da realidade, desafiam a categoria de assistentes sociais que também absorve os discursos heterogêneos sobre as demandas políticas e sociais desses movimentos; e pelo fato de estarmos, como profissão e como campo científico, distantes dos debates que tematizam o gênero e a diversidade sexual, tomamos de pronto aquilo que retiramos do social de maneira mais imediata: acreditando que homossexuais devem ser tratadas/os em primeiro lugar pelo afeto, aceitando que pessoas trans precisam de nossa avaliação para terem direito a um nome, deixando de problematizar as políticas de caráter criminalizatório e que dispensam a educação em direitos humanos e a educação em gênero e sexualidade. Isso para não falar da situação de jovens e pessoas adultas privadas ou restritas de liberdade e da banalização com que tratamos as violências experimentadas por essas pessoas em instituições de acautelamento ou de aprisionamento: ficamos sabendo da forma como agentes "educadores" ou agentes penitenciários/policiais destratam as pessoas trans, mas não nos sentimos capazes de sensibilizar essas/es profissionais; e ouvimos nos corredores que um homossexual foi estuprado por outros homens na cela da instituição onde trabalhamos, mas preferimos dialogar com o fato de que essa é a "lei da cadeia".

É urgente que possamos defender intransigentemente os direitos humanos dessas pessoas desde uma perspectiva crítica e radical, compreendendo que "a lei e/ou a norma é uma mediação histórica e, muitas vezes, a serviço de interesses contrários àqueles defendidos e afirmados pelo serviço social [...] [de modo que é preciso] estabelecer trincheiras de resistências ao projeto dominante" (Brasil, 2014b, p. 22). É preciso que estejamos "do lado certo da história" e esse lado é o das classes historicamente oprimidas — atravessadas por diferenças que complexificam e aprofundam desigualdades, como raça/etnia, gênero, orientação sexual, geração e outras, sempre circunscritas aos contextos em que elas são experimentadas pelos sujeitos. Assistentes sociais que atuam na área sociojurídica têm um papel e um compromisso fundamental com os sujeitos LGBTI, já que suas opiniões técnicas têm poder de mudar destinos e fortalecer o debate crítico em torno do projeto civilizatório que nosso projeto ético-político almeja, ou então, em vez disso, engrossar o pensamento conservador e aumentar a desigualdade de acesso à justiça e aos direitos humanos dessa população. É preciso que tenhamos a dimensão de importância que nossa profissão ocupa; e do nosso compromisso com o ato histórico, só possível de ser realizado por esses grupos, como o de LGBTI, que têm caminhado por uma "longa noite de humilhação" (Martins, 1989, p. 12) e que por conta disso lutam, debocham e desobedecem, proclamando "sua nova condição, seu caminho sem volta, sua presença maltrapilha, mas digna, na cena da história" (Martins, 1989, p. 13).

Leituras afins

Trago aqui cinco leituras que considero de base para compreensão dos fenômenos que procurei discutir ao longo desta obra. São livros que não estão referenciados diretamente no texto, mas que tiveram importância ímpar na elaboração teórica e política que venho fazendo sobre gênero e sexualidade e sobre questões do campo criminológico. São leituras que buscam, por um lado, reivindicar uma história social para o sexo na intenção de compreendê-lo não só como dado biológico, mas também como invenção sociológica (no caso de Thomas Laqueur) ou que foram vanguardistas nos estudos sobre transexualidades e travestilidades desde uma perspectiva crítica e construtivista (como os estudos das professoras Berenice Bento e Larissa Pelúcio); e por outro lado, que criticam, a partir da criminologia, o estado atual do direito penal e a sua "função" na sociedade como dispositivo de reforço das desigualdades, como vem sendo debatido por Alessandro Baratta e Loïc Wacquant:

BARATTA, Alessandro. *Criminologia crítica e crítica do direito penal:* introdução à sociologia do direito penal. Tradução de Juarez Cirino dos Santos. 3. ed. Rio de Janeiro: Instituto Carioca de Criminologia / Editora Revan, 2002.

BENTO, Berenice. *A reinvenção do corpo:* sexualidade e gênero na experiência transexual. Rio de Janeiro: Editora Garamond Universitária, 2006.

LAQUEUR, Thomas Walter. *Inventando o sexo:* corpo e gênero dos gregos à Freud. Tradução de Vera Whately. Rio de Janeiro: Relume Dumará, 2001.

PELÚCIO, Larissa. *Abjeção e desejo:* uma etnografia travesti sobre o modelo preventivo de Aids. São Paulo: Annablume, 2006.

WACQUANT, Loïc. *As prisões da miséria.* Tradução de André Telles. Rio de Janeiro: Zahar, 2001.

Aproveito para também indicar algumas produções audiovisuais que materializam, de forma lúdica e pedagógica, as discussões que perpassaram a leitura desta obra. Gostaria de chamar a atenção para os documentários "A ala" (Fred Bottrel, 2014, 20min), "Close" (Rosane Gurgel, 2017, 20min), "Dindas" (Lara Buitron e Vitor Lima, 2015, 22min) e "Gays na prisão" (Christopher Hines, 2015, 32min), que procuram denunciar as experiências sociais da população LGBTI privada de liberdade, especialmente no contexto brasileiro. Os primeiros três curtas-metragens falam da situação de travestis e homens gays em galerias ou alas específicas para essa população no Brasil, enquanto o último é um quadro do aprisionamento de gays e pessoas trans nos Estados Unidos. Também indico o documentário "Amanda e Monick" (André da Costa Pinto, 2008, 19min) e "Madame Satã" (Karim Aïnouz, 2002, 105min) para uma reflexão sobre as transgeneridades e homossexualidades brasileiras, atentando para as suas particularidades; "Favela gay" (Rodrigo Felha, 2014, 112min) que dialoga sobre gênero e sexualidade na intersecção com raça/etnia e classe social; e os longas-metragens "Meninos não choram" (Kimberley Pierce, 1999, 114min), "Minha vida em cor de rosa" (Alan Berliner, 1996, 88min) e "Tomboy" (Céline, Sciamma, 2012, 82min) sobre transexualidade; "Milk — a voz da igualdade" (Gus Van Sant, 2009, 128min) que joga luz em um marco histórico das lutas sociais do movimento LGBTI; e "XXY" (Lucía Puezo, 2007, 91min), sobre o fenômeno da intersexualidade.

Referências

ABREU, Marina Maciel. A dimensão pedagógica do serviço social: bases histórico-conceituais e expressões particulares na sociedade brasileira. *Serviço Social & Sociedade*, São Paulo, n. 79, p. 43-71, set. 2004.

ALMEIDA, Guilherme. Superando o politicamente correto: notas sobre o sexo princípio fundamental do Código de Ética do/a Assistente Social. In: CONSELHO REGIONAL DE SERVIÇO SOCIAL/RJ (Org.). *Projeto ético-político e exercício profissional em serviço social.* Rio de Janeiro: CRESS, 2013, p. 74-86.

ALVARENGA, Raquel; MOREIRA, Marinete. O parecer social: um instrumento de viabilização de direitos. In: CONSELHO FEDERAL DE SERVIÇO SOCIAL (Org.). *O estudo social em perícias, laudos e pareceres técnicos:* contribuição ao debate no judiciário, penitenciário e na previdência social. 4. ed. São Paulo: Cortez, 2005.

AMARO, Maria Inês. Os campos paradigmáticos do serviço social: proposta para uma categorização das teorias em presença. *Locus Social,* Lisboa, n. 1, p. 65-80, jan./jul. 2008.

ARÁN, Marcia; PEIXOTO JR., Carlos Augusto. Subversões do desejo: sobre gênero e subjetividade em Judith Butler. *Cadernos Pagu,* Campinas, n. 28, p. 129-147, jan./jun. 2007.

ALTHUSSER, Louis. *A favor de Marx.* Tradução de Dirceu Lindoso. 2. ed. Rio de Janeiro: Zahar Editores, 1979.

ANISTIA INTERNACIONAL. *Você matou meu filho:* homicídios cometidos pela polícia militar na cidade do Rio de Janeiro. Rio de Janeiro: Anistia Internacional, 2015.

ARRAES, Jarid. A mulher negra e o sexo frágil [on-line]. *Blogueiras Feministas,* São Paulo, 31 jul. 2013. Disponível em: <http://blogueirasnegras.org/2013/07/31/a-mulher-negra-e-o-sexo-fragil/>. Acesso em: 23 out. 2017.

AYRES, José Ricardo de Carvalho Mesquita *et al.* O conceito de vulnerabilidade e as práticas de saúde: novas perspectivas e desafios. In: CZERESNIA, Dina; FREITAS, Carlos Machado de (Orgs.). *Promoção da saúde:* conceitos, reflexões, tendências. Rio de Janeiro: Editora FIOCRUZ, 2003, p. 117-140.

BARBOSA, Bruno Cesar. *Nomes e diferenças:* uma etnografia dos usos das categorias travesti e transexual. 130f. Dissertação (Mestrado em Antropologia Social) — Faculdade de Filosofia, Letras e Ciências Humanas, Programa de Pós-Graduação em Antropologia Social, Universidade de São Paulo, São Paulo, 2010.

BARCINSKI, Mariana. Expressões da homossexualidade feminina no encarceramento: o significado de se "transformar em homem" na prisão. *Psico-USF,* Bragança Paulista, v. 17, n. 3, p. 437-446, set./dez. 2012.

BARRETO, Marta Simone Vital. *Famílias invisíveis?* A realidade de famílias homoafetivas com filhos/as adotivos/as na cidade do Natal/RN. 160f. Dissertação (Mestrado em Serviço Social) — Centro de Ciências Sociais Aplicadas, Programa de Pós-Graduação em Serviço Social, Universidade Federal do Rio Grande do Norte, Natal, 2014.

BARROCO, Maria Lúcia Silva. *Ética:* fundamentos sócio-históricos. São Paulo: Cortez, 2009.

BELZER, Carsten; SIMON, Jan. *Transrespect versus transphobia worldwide:* a comparative review of the human-rights situation of gender-variant/trans people. Berlim: Transgender Europe, 2015.

BENEDETTI, Marcos Renato. *Toda feita*: o corpo e o gênero das travestis. Rio de Janeiro: Garamond, 2005.

BERLANT, Laurent; WARNER, Michael. Sexo en público. In: JIMÉNEZ, Rafael Mérida (Org.). *Sexualidades transgresoras:* una antología de estudios queer. Barcelona: Icaria Editorial, 2002, p. 229-257.

BOBBIO, Norberto. *A era dos direitos.* Tradução de Carlos Nelson Coutinho. 3. ed. Rio de Janeiro: Editora Elsevier, 2004.

Diversidade sexual e de gênero

BRASIL, Conselho Federal de Serviço Social. *Código de Ética do/a Assistente Social*. 10. ed. rev. amp. Brasília: CFESS, 2012.

BRASIL, Conselho Federal de Serviço Social. Atuação de assistentes sociais no sociojurídico: subsídios para reflexão. Brasília: CFESS, 2014b.

BRASIL, Ministério da Justiça. *Levantamento Nacional de Informações Penitenciárias — Infopen Mulheres*. Brasília: Departamento Penitenciário Nacional, 2014a.

BRASIL, Ministério da Justiça. *Mapa do encarceramento:* os jovens do Brasil. Brasília: Secretaria-Geral da Presidência da República, Secretaria Nacional da Juventude, Secretaria de Políticas de Promoção da Igualdade Racial, 2015.

BRASIL, Senado Federal. *Constituição da República Federativa do Brasil.* Brasília: Senado Federal, 1988.

BRUM, Eliane. Os loucos, os normais e o Estado [on-line]. *Revista Época,* São Paulo, 3 jun. 2013. Disponível em: <http://revistaepoca.globo.com/Sociedade/eliane-brum/noticia/2013/06/os-loucos-os-normais-e-o-estado.html>. Acesso em: 23 out. 2017.

BUTLER, Judith. Desdiagnosticando o gênero. *Physis:* Revista de Saúde Coletiva, Rio de Janeiro, v. 19, n. 1, p. 95-126, jan./jul. 2009.

_____. *Problemas de gênero:* feminismo e subversão da identidade. Tradução de Renato Aguiar. 4. ed. Rio de Janeiro: Civilização Brasileira, 2012.

_____. *Vida precaria:* el poder del duelo y la violencia. Traducción de Fermín Rodríguez. Buenos Aires: Paidós, 2006.

CARRARA, Sérgio Luis; SIMÕES, Julio. Sexualidade, cultura e política: a trajetória da identidade homossexual masculina na antropologia brasileira. *Cadernos Pagu,* Campinas, n. 28, p. 65-99, jan./jul. 2007.

CARRARA, Sérgio Luis *et al. Gênero e diversidade na escola:* formação de professoras/es em gênero, orientação sexual e relações étnico-raciais. Livro de conteúdo. Rio de Janeiro: CEPESC; Brasília: SPM, 2009.

CECÍLIO, Mariana Silva; SCORSOLINI-COMIN, Fabio; SANTOS, Manoel Antônio dos. Produção científica sobre adoção por casais homossexuais no contexto brasileiro. *Estudos de Psicologia,* Campinas, v. 18, n. 3, p. 507-516, jul./set. 2013.

CHADE, Jamil; TAVARES, Vitor. ONU diz que polícia brasileira mata 5 pessoas por dia. *Jornal Estadão*. Disponível em: <http://brasil.estadao.com.br/noticias/geral,onu-diz-que-policia-brasileira-mata-5-pessoas-por-dia,10000020489/>. Acesso em: 8 jan. 2018.

CHIES, Luiz Antônio Bogo. A questão penitenciária. *Tempo Social, Revista de Sociologia da USP*, São Paulo, v. 25, n. 1, p. 15-36, jan./jul. 2013.

COACCI, Thiago. *Do homossexualismo à homoafetividade:* discursos judiciais sobre as homossexualidades no STJ e STF de 1989 a 2012. 251f. Dissertação (Mestrado em Ciência Política) — Faculdade de Filosofia e Ciências Humanas, Programa de Pós-Graduação em Ciência Política, Universidade Federal de Minas Gerais, Belo Horizonte, 2014.

COLARES, Leni Beatriz Correia; CHIES, Luiz Antônio Bogo. Mulheres nas so(m)bras: invisibilidade, reciclagem e dominação viril em presídios masculinamente mistos. *Estudos Feministas,* Florianópolis, v. 18, n. 2, p. 407-423, maio/ago. 2010.

CONNELL, Raewyn; PEARSE, Rebecca. *Gender in world perspective.* 3. ed. Cambridge: Polity Press, 2015.

CONSELHO NACIONAL DE JUSTIÇA. Levantamento dos presos provisórios do país e plano de ação dos Tribunais [on-line]. *CNJ Notícias,* Brasília, 23 fev. 2017. Disponível em: < http://www.cnj.jus.br/noticias/cnj/84371-levantamento-dos-presos-provisorios-do-pais-e-plano-de-acao-dos-tribunais>. Acesso em: 24 out. 2017.

DAYRELL, Juarez; GOMES, Nilma Lino. A juventude no Brasil: questões e desafios. In: MATOS, Marlise; GOMES, Nilma Lino; DAYRELL, Juarez (Orgs.). *Cidadania e a luta por direitos humanos, sociais, econômicos, culturais e ambientais,* v. 5. Belo Horizonte: DCP/FAFICH/UFMG, 2009, p. 89-113.

DUQUE, Tiago. *Montagens e desmontagens:* vergonha, estigma e desejo na construção das travestilidades na adolescência. 167f. Dissertação (Mestrado em Sociologia) — Centro de Educação e Ciências Humanas, Programa de Pós-Graduação em Sociologia, Universidade Federal de São Carlos, São Carlos, 2009.

ECODEBATE. Violência contra homossexuais e práticas discriminatórias em escolas expõe tabus e desinformação a favor da homofobia [on-line]. *Redação,* Mangaratiba, 4 out. 2011. Disponível em: < https://www.ecodebate.com.br/2011/10/04/violencia-contra-homossexuais-e-praticas-discriminatorias-em-escolas-expoe-tabus-e-desinformacao-a-favor-da-homofobia/>. Acesso em: 24 out. 2017.

Diversidade sexual e de gênero

FÁVERO, Eunice Teresinha. O estudo social — fundamentos e particularidades de sua construção na área judiciária. In: CONSELHO FEDERAL DE SERVIÇO SOCIAL (Org.). *O estudo social em perícias, laudos e pareceres técnicos:* contribuição ao debate no judiciário, penitenciário e na previdência social. 4. ed. São Paulo: Cortez, 2005.

FERREIRA, Guilherme Gomes. A produção de conhecimento sobre travestilidades na América Latina e o serviço social: da invisibilidade do tema ao seu uso pedagógico na profissão. In: SEFFNER, Fernando; CAETANO, Marcio Rodrigo Vale (Orgs.). *Discurso, discursos e contra-discursos latino-americanos sobre a diversidade sexual e de gênero.* Rio Grande: FURG, 2016a, p. 1.205-1.219.

_____. Conservadorismo, fortalecimento da extrema-direita e a agenda da diversidade sexual e de gênero no Brasil contemporâneo. *Lutas Sociais,* São Paulo, v. 20, n. 36, p. 166-178, jul./dez. 2016b.

_____. Diversidade sexual e de gênero: questões que se colocam à lente do assistente social crítico contemporâneo. In: AMARO, Sarita (Org.). *Dicionário crítico de serviço social.* Rio de Janeiro: Autografia, 2015, p. 210-225.

_____. Experiências globais e locais das travestis e transexuais com a seletividade penal e o encarceramento. In: GROSSI, Patrícia Krieger; GERSHENSON, Beatriz; FERREIRA, Guilherme Gomes (Orgs.). *Gênero, sexualidade e sistemas de justiça e de segurança pública.* Porto Alegre: EDIPUCRS, 2017.

_____. *Travestis e prisões:* experiência social e mecanismos particulares de encarceramento no Brasil. Curitiba: Multideia Editora, 2015b.

_____; GERSHENSON, Beatriz. Movimentos sociais de sexualidade e gênero: análise do acesso às políticas públicas. *Katálysis,* Florianópolis, v. 16, n. 2, p. 223-232, jul./dez. 2013.

_____; JARDIM, Ana Caroline Montezano Gonsales; ROSÁRIO, Graziela Oliveira. A criminalização da homofobia e os direitos humanos: contradições e disputas. In: AUGUSTIN, Sérgio; OLIVERIA, Mara de (Orgs.). *Direitos humanos:* emancipação e ruptura. Caxias do Sul: EDUCS, 2013, p. 630-641.

FOUCAULT, Michel. *História da sexualidade I:* a vontade de saber. Tradução de Maria Thereza da Costa Albuquerque e J. A. Guilhon Albuquerque. Rio de Janeiro: Edições Graal, 1988.

_____. *Vigiar e punir:* nascimento da prisão. Tradução de Raquel Ramalhete. 20. ed. Petrópolis: Vozes, 1999.

FROEMMING, Cecília Nunes. Equidade, universalidade e materialização dos direitos — possibilidades de atuação do serviço social. In: POCAHY, Fernando (Org.). *Rompendo o silêncio:* homofobia e heterossexismo na sociedade contemporânea. Políticas, teoria e atuação. Porto Alegre: Nuances, 2007, p. 104-109.

_____. *O sujeito de direitos fora da heterossexualidade:* diversidade sexual e política de assistência social. 150f. Dissertação (Mestrado em Serviço Social) — Escola de Humanidades, Programa de Pós-Graduação em Serviço Social, Pontifícia Universidade Católica do Rio Grande do Sul, Porto Alegre, 2008.

GARCIA, Marcos Roberto Vieira. Alguns aspectos da construção do gênero entre travestis de baixa renda. *Psicologia USP,* São Paulo, v. 20, n. 4, p. 597-618, out./dez. 2009.

GERSHENSON, Beatriz. *Eticidades discursivas do serviço social no campo jurídico:* gestos de leitura do cotidiano no claro-escuro da legalidade da moral. 158f. Tese (Doutorado em Serviço Social) — Escola de Humanidades, Programa de Pós-Graduação em Serviço Social, Pontifícia Universidade Católica do Rio Grande do Sul, Porto Alegre, 2003.

_____ *et al.* A (in)visibilidade da juventude nas políticas públicas e nas relações sociais: a contribuição do teatro como estratégia metodológica no reconhecimento de sujeitos de direitos. In: XI Salão de Iniciação Científica. *Anais eletrônicos.* Porto Alegre: Pontifícia Universidade Católica do Rio Grande do Sul, 2010, p. 1-10.

GOULART, Isabella Regina Oliveira. Dos estereótipos à contestação: os embalos de sábado à noite, Alex Rivera e latinos na mídia. *Parágrafo,* São Paulo, v. 1, n. 3, p. 157-164, jan./jun. 2015.

GUERRA, Yolanda. *A instrumentalidade do serviço social.* 3. ed. São Paulo: Cortez, 2002.

HELLER, Agnes. *O cotidiano e a história.* Tradução de Carlos Nelson Coutinho. 6. ed. São Paulo: Editora Paz e Terra, 2000.

_____. *Sociología de la vida cotidiana.* Traducción de José Francisco Yvars y Enric Pérez Nadal. Barcelona: Edicions 62, 1977.

HOBERMAN, John. *Testosterone dreams:* rejuvenation, afrodisia, doping. Los Angeles: University of California Press, 2005.

IAMAMOTO, Marilda Villela. *Serviço Social em tempo de capital fetiche:* capital financeiro, trabalho e questão social. São Paulo: Cortez, 2008.

Diversidade sexual e de gênero

IASI, Mauro. De onde vem o conservadorismo? [on-line]. *Blog da Boitempo,* São Paulo, 15 abr. 2015. Disponível em: <http://blogdaboitempo.com.br/2015/04/15/de-onde-vem-o-conservadorismo/>. Acesso em: 23 out. 2017.

INSTITUTO BRASILEIRO DE GEOGRAFIA E ESTATÍSTICA. *Síntese de indicadores sociais:* uma análise das condições de vida da população brasileira. Rio de Janeiro: Ministério do Planejamento, Orçamento e Gestão, Coordenação de População e Indicadores Sociais, 2015.

INSTITUTO IGARAPÉ. *Campanha Instinto de Vida.* Disponível em: <https://www.br.instintodevida.org/#block-4334>. Acesso em: 8 jan. 2018.

JARDIM, Ana Caroline Montezano Gonsales. *Famílias e prisões:* (sobre)vivências de tratamento penal. 151f. Dissertação (Mestrado em Serviço Social) — Escola de Humanidades, Programa de Pós-Graduação em Serviço Social, Pontifícia Universidade Católica do Rio Grande do Sul, Porto Alegre, 2010.

JESUS, Jaqueline Gomes de. Identidades de gênero e políticas de afirmação identitária. In: VI Congresso Internacional de Estudos sobre a Diversidade Sexual e de Gênero. *Anais eletrônicos.* Salvador: Universidade Federal da Bahia, 2012, p. 1-15.

KULICK, Don. *Travesti:* prostituição, sexo, gênero e cultura no Brasil. Tradução de Cesar Gordon. Rio de Janeiro: Editora Fiocruz, 2008.

LACERDA, Marina. *Colonização dos corpos:* ensaio sobre o público e o privado. Patriarcalismo, patrimonialismo, personalismo e violência contra as mulheres na formação do Brasil. 114f. Dissertação (Mestrado em Direito) — Departamento de Direito, Programa de Pós-Graduação em Direito, Pontifícia Universidade Católica do Rio de Janeiro, Rio de Janeiro, 2010.

LEITE JR., Jorge. *"Nossos corpos também mudam":* sexo, gênero e a invenção das categorias "travesti" e "transexual" no discurso científico. 230f. Tese (Doutorado em Ciências Sociais) — Faculdade de Ciências Sociais, Programa de Estudos Pós-Graduados em Ciências Sociais, Pontifícia Universidade Católica de São Paulo, São Paulo, 2008.

LENTZ, Luísa Helena Stern. Direito à identidade: viva seu nome. A retificação do registro civil como meio de conquista da cidadania para travestis e transexuais. In: Seminário Internacional Fazendo Gênero 10. *Anais eletrônicos.* Florianópolis: Universidade Federal de Santa Catarina, 2013, p. 1-7.

LIMA, Renato Sérgio de; BUENO, Samira (Coord.). *10º Anuário Brasileiro de Segurança Pública*. São Paulo: Fórum Brasileiro de Segurança Pública, 2016.

MARTINELLI, Maria Lúcia. *Pesquisa qualitativa:* um instigante desafio. São Paulo: Veras Editora, 1999.

MARTINS, José de Souza. *Caminhada no chão da noite:* emancipação política e libertação nos movimentos sociais do campo. São Paulo: Hucitec, 1989.

MARX, Karl. *Manuscritos econômico-filosóficos.* Tradução de Jesus Ranieri. São Paulo: Boitempo, 2004.

MENEZES, Cynara. A cultura do estupro não só existe como está em nosso DNA enquanto nação [on-line]. *Socialista Morena,* Brasília, 20 nov. 2016. Disponível em: <http://www.socialistamorena.com.br/cultura-do-estupro-no-brasil-em-nosso-dna/>. Acesso em: 23 out. 2017.

MIOTO, Regina Célia Tamaso. Família e serviço social: contribuições para o debate. *Serviço Social & Sociedade,* São Paulo, n. 55, p. 114-130, nov. 1997.

NASCIMENTO, Márcio Neman. "Ladrão sim, bicha nunca!" Práticas homofóbicas entre adolescentes masculinos em uma instituição socioeducativa brasileira. *Educação, Sociedade & Culturas,* Porto, n. 31, p. 67-81, 2010.

NICÁCIO, Camila Silva; VIDAL, Júlia Silva. Adolescentes travestis e transexuais em conflito com a lei: a emergência de novas reivindicações. *Cadernos de Gênero e Diversidade,* Salvador, v. 2, n. 1, p. 46-48, jan./jul. 2016.

NICHOLSON, Linda. Interpretando o gênero. *Estudos Feministas,* Florianópolis, v. 8, n. 2, p. 8-41, jan./jul. 2000.

OLIVARES, Rosa. Por uma abordagem revolucionária da questão sexual. In: GODINHO, Tatau; VINTEUIL, Fréderique; OLIVARES, ROSA (Orgs.). *Marxismo e feminismo.* São Paulo: Editora Aparte, 1989, p. 33-37.

PASSOS, Amilton Gustavo da Silva. *Uma ala para travestis, gays e seus maridos:* pedagogias institucionais da sobrevivência no Presídio Central de Porto Alegre. 109f. Dissertação (Mestrado em Educação) — Faculdade de Educação, Programa de Pós-Graduação em Educação, Universidade Federal do Rio Grande do Sul, Porto Alegre, 2014.

PEREIRA, Ingrydy Patrycy Schaefer. Adolescentes e o exercício da sexualidade: uma análise no espaço de privação de liberdade. *Aracê* — Direitos Humanos em Revista, a. 3, n. 4, p. 30-44, fev. 2016.

Diversidade sexual e de gênero   153

PISCITELLI, Adriana. Interseccionalidades, categorias de articulação e experiências de migrantes brasileiras. *Sociedade e Cultura*, Goiás, v. 11, n. 2, p. 263-274, jul./dez. 2008.

POCAHY, Fernando Altair; NARDI, Henrique Caetano. Saindo do armário e entrando em cena: juventudes, sexualidades e vulnerabilidade social. *Estudos Feministas*, Florianópolis, v. 15, n. 1, p. 45-66, jan./abr. 2007.

PRECIADO, Paul. *Manifiesto contra-sexual.* Madrid: Editorial Opera Prima, 2002.

ROHDEN, Fabíola. O império dos hormônios e a construção da diferença entre os sexos. *História, Ciências, Saúde.* Rio de Janeiro, v. 15, p. 133-152, jun. 2008.

ROMAGNOLI, Roberta Carvalho. O pensamento institucionalista e a transformação da família. In: CERVENY, Ceneide Maria de Oliveira. *Família em movimento.* São Paulo: Casa do Psicólogo, 2007.

RUBIN, Gayle. *O tráfico de mulheres:* notas sobre a "economia política" do sexo. Tradução de Christine Rufino Dabat. Recife: SOS Corpo, 1993.

SALES, Mione. *(In)visibilidade perversa:* adolescentes infratores como metáfora da violência. 262f. Tese (Doutorado em Sociologia) — Faculdade de Filosofia, Letras e Ciências Humanas, Programa de Pós-Graduação em Sociologia, Universidade de São Paulo, São Paulo, 2004.

SCOTT, Joan Wallach. Gênero: uma categoria útil de análise histórica. *Educação & Realidade,* Porto Alegre, v. 20, n. 2, p. 71-99, jul./dez. 1995.

SCHMIDT, Rossana Bogorny Heinze; PUGLIA, Joana do Prado. Problematizando a atuação da psicologia na retificação de registro civil de transexuais e travestis: a possibilidade de construção de novos caminhos. In: Seminário Internacional Fazendo Gênero 10. *Anais eletrônicos.* Florianópolis: Universidade Federal de Santa Catarina, 2013, p. 1-7.

THOMPSON, Augusto: *A questão penitenciária.* 5. ed. Rio de Janeiro: Editora Forense, 2002.

TREVISAN, João Silvério. *Devassos no paraíso:* a homossexualidade no Brasil, da colônia à atualidade. 6. ed. Rio de Janeiro: Record, 2004.

TÜRCK, Maria da Graça. *Elaboração de documentação:* implementação e aplicabilidade. Porto Alegre: Editora Graturck, 2003.

VANINI, Eduardo. Homens lidam com estigma ao lecionar no ensino infantil [on-line]. *O Globo*, São Paulo, 10 mar. 2014. Disponível em: < https://oglobo.globo.com/sociedade/educacao/homens-lidam-com-estigma-ao-lecionar-no-ensino-infantil-11831999>. Acesso em: 24 out. 2017.

VIDAL, Júlia Silva; CUNHA, Raíssa Lott Caldeira da. Medidas socioeducativas e adolescentes trans: dos impasses institucionais ao reconhecimento de direitos. *Interfaces — Revista de Extensão da UFMG*, Belo Horizonte, v. 4, n. 1, p.148-159, jan./jun. 2016.

WAISELFISZ, Julio Jacobo. *Mapa da violência 2015:* homicídio de mulheres no Brasil. Brasília: FLACSO/SPM, 2015.

WELZER-LANG, Daniel. A construção do masculino: dominação das mulheres e homofobia. *Estudos Feministas,* Florianópolis, v. 9, n. 2, p. 460-482, ago./dez. 2001.

ZAFFARONI, Eugenio Raúl. *Em busca das penas perdidas:* a perda de legitimidade do sistema penal. Tradução de Vânia Romano Pedrosa e Amir Lopes da Conceição. 4. ed. Rio de Janeiro: Revan, 1999.

ZAFFARONI, Eugenio Raúl; BATISTA, Nilo. *Direito penal brasileiro I.* Tradução de Helena Ferreira. 2. ed. Rio de Janeiro: Revan, 2003.

ZAMBONI, Marcio. Travestis e transexuais privadas de liberdade: a (des)construção de um sujeito de direitos. *Revista Euroamericana de Antropología,* Salamanca, n. 2, p. 15-23, jun. 2016.

Apêndice
Síntese dos direitos humanos de LGBTI no Brasil

SITUAÇÃO DOS DIREITOS HUMANOS DE LGBTI NO BRASIL	
Saúde	A homossexualidade não é mais considerada doença no Brasil desde a década de 1990, mas apesar disso, a transexualidade ainda figura no CID e no DSM (e precisamos lutar para a sua retirada desses textos). O Brasil possui um Plano Nacional de Saúde Integral de LGBT e já incluiu o nome social no Cartão Nacional de Saúde. O processo transexualizador é regulamento pelo CFM e pelo SUS, mas ainda está em caráter experimental para as cirurgias genitais demandadas pelos homens transexuais. Pessoas intersexos ainda são tratadas como aberrações pelas/os médicas/os e a família é orientada a autorizar cirurgias genitais em bebês. O debate da "cura gay" é frequentemente reapresentado através do uso de terapias de conversão ou de reorientação sexual.
Educação	Os Parâmetros Curriculares Nacionais recomendam a transversalidade da discussão da diversidade sexual, gênero, raça e direitos humanos em todas as disciplinas das escolas de ensino fundamental e médio. Há cartilhas do Ministério da Educação que tratam sobre o tema, como a intitulada "Gênero e diversidade na escola: formação de professoras/es em gênero, sexualidade, orientação sexual e relações étnico-raciais". A Portaria n. 1.612/2011 assegura a travestis e transexuais o direito ao nome social em procedimentos e atos do Ministério da Educação e há documentos estaduais afirmando o mesmo no âmbito do ensino. Mesmo assim, professoras/es ainda se recusam a tratar pessoas trans pelo nome que elas se reconhecem ou negam o acesso ao banheiro de acordo com a identidade de gênero.

SITUAÇÃO DOS DIREITOS HUMANOS DE LGBTI NO BRASIL	
Segurança Pública	A Resolução n. 4 de 2011 do CNPCP recomenda que se assegure o direito à visita íntima, inclusive dos casais homossexuais; e a Resolução conjunta n. 1 de 2014 do CNCD/LGBT e CNPCP estabelece parâmetros para o atendimento à população LGBTI nas prisões. Ainda não tivemos aprovada uma lei de criminalização da lesbo-homo-bi-transfobia e grande parte das/os delegadas/os de polícia resistem a tipificar os crimes de ódio motivados por orientação sexual ou identidade de gênero como lesbo--homo-bi-transfóbicos, apesar de o Brasil ser o primeiro no mundo em crimes dessa natureza. Pessoas LGBTI são homogeneizadas nas prisões e nos centros socioeducativos e tratadas como uma única coisa, pessoas trans e gays com frequência são abusados sexualmente nesses lugares.
Assistência / Previdência Social	A decisão do Supremo Tribunal Federal sobre a ADI n. 4.277 e a ADPF n. 132, infere sobre a entidade familiar homossexual, reconhecendo a possibilidade de casais homossexuais pedirem união equivalente ao casamento heterossexual, o que lhes garante direitos de sucessão e previdenciários equivalentes aos de heterossexuais. Apesar disso, casais homossexuais ainda possuem dificuldades morais em relação à adoção, e têm muitos casos de negação de direitos relacionados ao trabalho, como licença-paternidade ou maternidade, inclusão como beneficiárias/os dependentes de suas/seus companheiras/os etc.
Justiça e Cidadania	Algumas profissões já reconhecem o nome social de pessoas trans em seus conselhos de classe, como é o caso da psicologia com a Resolução do CFP n. 14 de 2011 e o serviço social com a Resolução do CFESS n. 615 de 2011. O Brasil não possui uma lei de identidade de gênero, por isso, cada Poder Judiciário Estadual decide de uma maneira como irá conceder ou não o direito à retificação de registro civil de pessoas transexuais e travestis.

BREVE LANÇAMENTO

SERVIÇO SOCIAL NA DEFENSORIA PÚBLICA
potências e resistências

Luiza Aparecida de Barros

1ª edição
2018
no prelo

Desde 2010 assistentes sociais têm atuado em um "novo" espaço de trabalho na chamada área sociojurídica, a Defensoria Pública. Foi preciso construir esse espaço de trabalho nos chamados Centro de Atendimento Multidisciplinar e em tempos de retrocesso, garantir direitos marcando uma identidade que não se subsume à hierarquização das relações e às barbáries do capital.

LEIA TAMBÉM

TRABALHO, FAMÍLIA E GÊNERO
impacto dos direitos do trabalho e da educação infantil

Andréa de Sousa Gama

1ª edição (2011)
256 páginas
ISBN 978-85-249-2290-9

Este livro trata de tema de maior relevância e atualidade: o conflito entre trabalho e responsabilidades familiares. Adepta da crítica feminista à separação entre as esferas da produção e da reprodução social, a autora discute que a feminização dos mercados de trabalho coincidiu com a transformação da organização do trabalho e da produção. Essas mudanças incrementaram as tensões entre trabalho e vida familiar.

LANÇAMENTO

TRABALHO, GÊNERO E SAÚDE MENTAL
contribuições para a profissionalização do cuidado feminino

Rachel Gouveia Passos

1ª edição (2018)
224 páginas
ISBN 978-85-249-2622-8

A obra aborda uma temática de importância vital — o cuidado enquanto dimensão ontológica inerente ao ser social. Tratado de forma invisível, subalternizado, fruto das desigualdades do capitalismo: exploração e opressão social de classe, gênero, raça e etnia. O cuidado denominado *care* é apreendido na divisão sexual e sociotécnica do trabalho realizado na reprodução social majoritariamente por mulheres pauperizadas, em sua maioria negras. A autora elucida os fundamentos do cuidado em saúde e saúde mental e a necessidade de regulamentação da profissão.